复杂艰险山区隧道工程
超长定向钻探技术

徐正宣　谢　毅　王　胜

吴金生　张广泽　陈明浩　　著

科学出版社

北　京

内 容 简 介

随着我国路网的延伸和"西部大开发""一带一路"建设的推进，需要在更为复杂艰险的山区修建铁路。山区地形地质条件极为复杂多变，工程地质问题突出且隐蔽性强，加之交通不便，人迹罕至，陡倾岩层分布范围广，生态环境脆弱，环保要求高，传统的铁路隧道垂直钻探实施困难，极大地影响了铁路隧道勘察的效率、精度和质量，成为隧道勘察需要突破的技术难题。本书以理论、方法和技术创新研究为主线，从定向钻探理论、方法与技术，钻探装备及器具、钻探绿色工程材料、钻探综合测试等方面系统地阐述了复杂艰险山区铁路隧道超长定向钻探关键技术创新与实践，构建了铁路隧道超长定向钻探技术体系。

本书可作为铁路、公路等交通工程领域的工程技术人员、科研人员参考用书，也可作为高等院校相关专业教学参考用书。

图书在版编目(CIP)数据

复杂艰险山区隧道工程超长定向钻探技术 / 徐正宣等著. —北京：科学出版社，2024.3

ISBN 978-7-03-078197-0

Ⅰ. ①复⋯ Ⅱ. ①徐⋯ Ⅲ. ①山区铁路-铁路隧道-定向钻进-隧道工程 Ⅳ. ①U459.1

中国国家版本馆 CIP 数据核字（2024）第 052772 号

责任编辑：朱小刚 / 责任校对：彭 映
责任印制：罗 科 / 封面设计：陈 敬

科学出版社 出版

北京东黄城根北街16号
邮政编码：100717
http://www.sciencep.com

四川煤田地质制图印务有限责任公司 印刷
科学出版社发行 各地新华书店经销

*

2024 年 3 月第 一 版 开本：B5（720×1000）
2024 年 3 月第一次印刷 印张：12
字数：240 000

定价：148.00 元
（如有印装质量问题，我社负责调换）

序

  我国西南及临近的复杂艰险山区,具有"地形险峻、岩层陡倾、高寒缺氧、生态脆弱"四大环境特点,地形地质条件极为艰险复杂,铁路工程艰巨,隧道占比极高,超长深埋极复杂隧道勘察是铁路工程勘察的重点和难点。所有隧道工程勘察手段中,钻探是最直接、最准确、最有效的隧道工程勘察方法,传统竖向钻探无法满足长大深埋隧道复杂地质信息连续获取的需求,严重制约勘察设计质量和精度,超长定向钻探是解决问题的关键。但是,现有定向钻探技术在山区铁路勘探中面临"复杂构造多变岩性钻孔轨迹偏斜控制难、高寒山区大功率水平孔绳钻装备适应难、破碎地层水平钻孔垮塌漏失严重成孔难"三大关键技术难题。

  为全面总结复杂艰险山区隧道工程超长定向钻探技术的经验和教训,进一步搞好山区铁路勘察设计工作,由中铁二院工程集团有限责任公司、中国地质科学院探矿工艺研究所、成都理工大学等单位,从2013年起依托多项国家自然科学基金、省部级重点研发计划持续开展相关科技攻关,形成了铁路隧道超千米水平孔绳索取心定向钻探方法与技术、装备及器具、绿色工程材料"三大"创新成果。创新了水平孔绳索随钻测量与轨迹控制方法,发明了水平孔绳索取心工具投送方法,构建了铁路隧道超千米水平孔绳索取心定向勘探技术体系;研制了具有自主知识产权的国内外"首台套"超千米级水平孔定向钻探装备及器具;研发了低温绿色植物胶防塌冲洗液、低温纳米复合水泥基钻孔快速铸壁材料和惰性材料-智能凝胶复合堵漏材料。创造了国内外水平孔全孔绳索取心定向钻探 NQ 1888.88m 的最长纪录,钻孔实际顶角偏差仅 0.08°/100m,研究成果整体达到国际领先水平,将竖向孔"点"勘察,转变为水平孔"线"勘察,实现立体勘察,是铁路勘察的一次技术革命。

  本书内容十分丰富,具有很强的理论性和实用性,对复杂艰险山区隧道工程开展超长定向钻探工作具有重要的指导意义。本书的出版,为复杂艰险山区铁路、公路和水利水电等隧道工程定向钻探贡献了一份十分珍贵的资料,有益于进一步推动我国复杂艰险山区铁路勘察科技进步。

中国工程院院士:

2024 年 2 月 6 号

前　　言

随着现代化建设的不断推进，越来越多的铁路隧道需要在复杂艰险的山区建设，我国西南复杂艰险山区铁路建设对于加强地区间交通、经济和文化联系与交流具有重要意义，其铁路建设面临着一系列巨大的挑战和难题。首先是地质条件恶劣，青藏高原及周缘地区地势高峻、山岭交错，地震、泥石流、塌方等自然灾害频发，地质情况异常复杂，为铁路建设带来了极大的困难。其次是环境保护问题，在高原生态环境脆弱区域进行铁路建设必须遵守环境保护和生态保护的原则，防止对当地生态环境造成影响。此外，由于地处边远山区，交通条件困难，建设过程中物资、设备和人员的运输都面临着巨大的困难。

取心钻探是铁路隧道勘察的关键。传统的垂直钻探面临设备及人员运输难、超千米钻孔轨迹控制难、陡倾岩层钻探定向难、生态环境保护要求高的难题，严重制约了铁路隧道勘察的顺利进行。定向钻进技术是现代钻探工程领域的重要方向，将此技术应用于勘察取心可有效解决上述问题。由于当前在超长水平孔定向钻探关键技术方面研究不足，需要开展复杂艰险山区铁路隧道超千米水平孔绳索取心定向钻探关键技术研究。基于此，本书以系统化工程、信息化动态反馈、绿色环保协调理念为指导，以汇集西南地区复杂艰险山区定向钻进技术工程应用为基础，涵盖了其遇到的主要问题，并总结为复杂艰险山区超长水平孔绳索取心定向钻探体系的研究与创新。

作者从复杂艰险山区地质背景与定向钻进技术理论入手，使读者充分了解本书的适用范围，并将最新研发并应用的定向机具设备、绿色工程材料、技术方法与测井监控系统、科研成果与前述内容结合，将理论性、系统性、应用性统一起来。本书汇总了研究团队关于超长水平孔绳索取心定向钻探技术的研究成果，其全方位地考虑了钻探装备、工程材料、钻进工艺与方法等多个方面的因素。钻探装备的选用和优化，能够直接影响钻探效率和取心精度；工程材料的合理选用，能够保证钻探过程的顺利进行和安全可靠；钻进工艺与方法的科学应用，能够最大限度地提高勘察效率和精度。

本书分为三大板块，一是定向钻探装备，自主研发全液压动力头定向勘探钻机，发明小直径水平绳索随钻定向取心器具及创新设计钻孔涌水分离装置，为复杂艰险山区铁路隧道超长水平孔绳索取心定向钻进从钻探装备和器具方面奠定了坚实基础。二是绿色工程材料，研制低温绿色防塌冲洗液、低温纳米复合水泥基钻孔快速护壁材料以及复合堵漏材料，有效解决了高寒生态脆弱区定向钻进的钻孔冲洗、孔壁垮塌及恶性漏失三大难题。三是定向钻探方法与技术，建立水平绳索随钻测量与轨迹控制方法，开发超长水平孔绳索取心技术，攻克超长水平孔综合测井技术，创新铁路隧道超长连续高精度取心定向勘探技术。

超长定向钻探技术的应用，不仅推动了铁路隧道建设的快速发展，也为复杂艰险山区建设提供了新的技术支持。随着技术的不断发展和优化，这一领域的研究将会取得更多的重要成果，为我国的现代化建设注入新的活力。本书旨在系统介绍超长定向钻探技术的理论、方法和实践应用，为相关专业人员提供参考和借鉴。

全书共 8 章，第 1 章由徐正宣、谢毅、张广泽、陈明浩撰写，第 2 章由陈明浩、冯涛、伊小娟、许晓君、王哲威、林之恒、周航撰写，第 3 章由王胜、吴金生、韦猛、侯锦、赖昆撰写，第 4 章由吴金生、黄晓林、刘毅、罗显梁撰写，第 5 章由王胜、楼日新、赖昆撰写，第 6 章由张广泽、张小林、赵思为、张营旭、赵冬安、贾哲强撰写，第 7 章由徐正宣、刘建国、孟少伟、周学军、贺建军、谢荣强、欧阳吉、贾杰撰写，第 8 章由谢毅、徐正宣、陈明浩撰写。全书由徐正宣、陈明浩统稿和定稿，特别感谢成都理工大学赖昆协助文稿编排校核，课题研究过程中得到了中铁二院工程集团有限责任公司秦小林、蒋良文、王科、张雨露，中国地质调查局探矿工艺研究所倪化勇，四川拓荒岩土工程有限责任公司樊陆清等相关人员的帮助和支持，同时得到了成都理工大学陈礼仪教授、柏君博士、解程超博士、张洁博士，西南交通大学赵晓彦教授、颜宏毅博士、蹇黎明博士等相关人员的帮助。

由于作者水平及时间限制，书中疏漏之处在所难免，恳请读者批评指正。

目　　录

第1章 绪 论

1.1 复杂艰险山区铁路规划建设概况

铁路是国民经济大动脉、关键基础设施和重大民生工程，是综合交通运输体系的骨干和主要交通方式之一，在我国经济社会发展中的地位和作用至关重要。加快铁路建设特别是中西部地区铁路建设，是稳增长、调结构，增加有效投资，扩大消费，既利当前、更惠长远的重大举措。

根据中国铁路经济规划研究院有限公司田四明等撰写的《中国铁路隧道发展与展望》，截至 2020 年底，中国铁路营业里程达 14.5 万 km。其中，投入运营的铁路隧道共 16798 座，总长约 19630km；高速铁路隧道共计 3631 座，总长约 6003km。特别是 2006 年以来，中国铁路隧道发展极为迅速，共建成铁路隧道 9260 座，总长约 15316km（占中国铁路隧道总长度的 78%），其中，"十一五"期间（2006～2010 年）建成铁路隧道 2262 座，总长约 2686km（占比 14%）；"十二五"期间（2011～2015 年）建成铁路隧道 3611 座，总长约 6038km（占比 31%）；"十三五"期间（2016～2020 年）建成铁路隧道 3387 座，总长约 6592km（占比 33%）。在建特长铁路隧道 116 座，总长 1675km，其中，长度 20km 以上的特长铁路隧道 10 座，总长 276km；规划特长铁路隧道 338 座，总长 5054km，其中，长度 20km 以上的特长铁路隧道 37 座，总长 999km。

《中长期铁路网规划》指出，要进一步扩大中西部路网覆盖，完善东部网络布局，完善进出西藏、新疆通道，提升既有路网质量，推进周边互联互通，形成覆盖广泛、内联外通、通边达海的铁路网，提高对地区发展、对外开放、国家安全等方面的支撑保障能力。

1.2 复杂艰险山区隧道工程钻探面临的新挑战

隧道工程勘察技术是隧道工程技术的重要组成部分，是制约和控制隧道建设技术水平的因素之一。进入 21 世纪以来，隧道工程勘察技术得到了快速发展，在充分利用航空、航天遥感图像资料和区域地质资料进行地面地质调查测绘的基础上，合理使用钻探、物探、原位测试等各种勘察手段，针对隧道不同地形、地质条件和不同的工程地质问题及勘察阶段技术要求，以最佳的勘察方法组合模式实现一体化综合勘察。随着我国隧道建设特别是西部地区以高原隧道为代表的重大工程的实施，深埋长大隧道数量众多、规模巨大，加之西部地区复杂的地质条件，隧道地质勘察面临前所未有的挑战。

地质岩心钻探是直接获取地下实物样品的唯一技术方法，只有通过地下实物样品的分析，才能验证地质认识和地球物理勘探结果。由于竖向地质钻探的局限性，钻探精度不足往往易漏判或误判隧道高温高压涌水、突泥、塌方、岩爆等不良地质灾害，给人民生命财产安全造成巨大危害。然而，传统的竖向钻探面临"生态脆弱环境保护要求高、高寒缺氧工作环境恶劣、高山峡谷钻探装备'上不去'、陡倾岩层揭示地质信息单一、点状勘探复杂地质信息不连续"五大难题而难以实施，严重制约了以高原铁路为代表的山区铁路规划建设顺利开展。

水平孔定向钻探与竖向孔相比，水平孔钻进施工难度更大，体现在水平孔钻进时，钻具重力方向与钻进方向成 90°，易产生孔斜；水平钻孔只能由钻机通过钻杆向钻头施加钻压，钻杆受力大，易产生弯曲；冲洗液排粉不利，易在钻孔下部形成岩屑床，钻机的回转扭矩和给进力大，长水平孔钻进时钻压不足；钻孔稳定性差，卡、埋钻具事故率高；钻具运动形式复杂，钻杆折断事故率高。水平孔钻探中，因钻杆承受的扭矩和给进力过大、排除岩粉不力、易孔斜，常造成钻杆屈曲、磨损过快、疲劳断裂等问题；受现有管材规格及材质、加工精度及热处理水平、钻探设备状况、钻探工艺水平等实际情况制约，水平孔钻探深度较浅。

超长水平孔绳索取心定向钻探是一种不提钻全孔取心方法，只要钻头没有达到使用寿命就可以连续钻进，有效减少取心提下钻具时间，增加纯钻时间，提高钻进效率，同时具有防孔内掉块的优点，且钻杆和孔壁之间间隙较小，改善了钻杆的受力状态，钻杆不容易被折断，避免钻杆断裂等孔内事故的发生，减轻了劳动强度和降低了钻探成本，是复杂艰险山区长大深埋隧道工程勘察的关键技术。

1.3　定向钻探研究现状

1.3.1　定向勘探钻机国内外现状

1. 岩心钻机国外现状

自从瑞典的一家工程机械公司设计并推出了第一款动力头式液压钻机，国外的液压钻机已经走过了 160 余年的发展历程。目前，国外生产岩心钻机的主要厂家有瑞典阿特拉斯·科普柯(Atlas Copco)公司、瑞典山特维克(Sandvik)公司、美国宝长年(Boart Longyear)公司。这三家公司在市场的占有率一直处于稳定变化范围内，其开发的系列钻机具有液压动力头式回转机构、长行程的给进系统、液压绞车组成的提升系统、配备无级调速的动力输出机构、自由升降配套器具齐全、能做大范围钻孔角度调整的桅杆机构等显著特点。

阿特拉斯·科普柯公司的液压岩心钻机包括 3 个独立的品牌，分别为 Boyles、Mustang 和 Christensen。Boyles 品牌是阿特拉斯与加拿大钻机生产商 JKS Boyles 公司联合设计生产并投放市场的品牌。Mustang 品牌的研发重心在于大功率超深钻机；Christensen 品牌注重中等深度钻机的开发。Christensen 品牌的钻机设计钻深覆盖了 1000～1800m 的钻深范围。其中，Christensen CS14 型的液压钻机(图 1-1)钻深为 1600m，其钻孔倾角为 45°～90°。

图 1-1 Christensen CS14 型钻机图

宝长年的液压钻机与阿特拉斯的岩心钻机有着许多相似之处，但是也有其自身的特点。图 1-2 是宝长年 XF 钻机系列中的 XF 4200 型钻机，该钻机设计钻深为 1200m(NQ 钻杆)，钻孔倾角为 45°～90°。

国外在水平定向钻进设备方面处于国际先进水平，如澳大利亚定向钻机可以在煤、岩层中成孔达千米以上，具有代表性的是澳大利亚 VLD 1000 型定向钻机(图 1-3)、GDS T1300 型定向钻机。主要用于煤矿井下以瓦斯抽放、探排水，以及以勘探及地质构造探测为目的本煤层及煤层与煤层之间定向钻进和回转钻进。

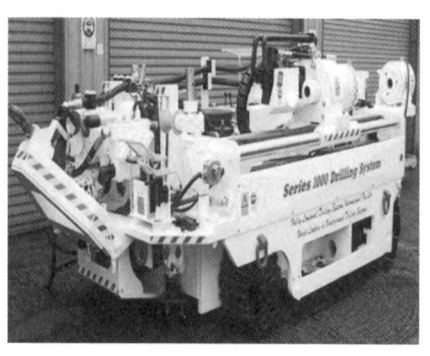

图 1-2　宝长年 XF 4200 型钻机　　　图 1-3　澳大利亚 VLD 1000 型定向钻机

2. 岩心钻机国内现状

20 世纪 60 年代，我国开始向国外学习，引进并仿制了比较成熟的立轴式钻机，并在全国范围内推广使用。在此后的二十年内，立轴式钻机的研发和改进工作一直在进行。当液压技术在国外兴起并逐渐发展完善的时候，国内的液压领域依然方兴未艾。在"十一五"期间，国内的液压岩心钻机发展有了新的起色。很多科研机构和钻探公司先后推出了自主品牌的液压岩心钻机。例如，北京天和众邦勘探技术股份有限公司的 CSD 型液压岩心钻机(图 1-4)、连云港黄海机械股份有限公司的 HYDX 系列钻机、中国地质科学院勘探技术研究所的 YDX-4 和 YDX-5型钻机及中国地质装备总公司的 HCDU 系列钻机等，在这些系列钻机中，设计钻深在 1600m 左右的钻机见表 1-1。

图 1-4　北京天和众邦勘探技术股份有限公司的 CSD 型液压岩心钻机

表 1-1 国内典型中深孔全液压岩心钻机型号和钻深能力

型号	生产企业	钻深能力(NQ 钻杆)/m
CSD1800	北京天和众邦勘探技术股份有限公司	1500
HYDX-6	连云港黄海机械股份有限公司	1600
YDX-4	中国地质科学院勘探技术研究所	1500
HCDU-5	中国地质装备总公司	1500

国内水平钻进钻机多应用于煤矿井下作业，代表机型有中国煤炭科工集团重庆研究院有限公司生产的 ZYWL-6000D、ZYWL-6000DS 和 ZYWL-4000D 型煤矿用全液压钻机，中国煤炭科工集团西安研究院有限公司生产的 ZDY6000LD（A）、ZDY6000LD（F）型煤矿用履带式全液压坑道钻机，沈阳北方交通重工集团有限公司生产的 ZDY3500L 煤矿用履带式液压坑道钻机，但上述几种类型的定向钻机钻孔能力均在 500～1000m 范围内，不适用于千米以上的深孔定向钻进。图 1-5 为中国煤炭科工集团西安研究院在"十二五"期间研制的 ZDY12000LD 钻机，该钻机属于履带自行式、低转速、大转矩类型钻机，主机外形尺寸为总长×总宽×总高=3250mm×1300mm×1760mm，总重 9000kg，主机功率 110kW。此类水平钻机结构紧凑体积小，但功能较单一，主要用于瓦斯抽采孔的施工，钻进倾角-5°～10°，输出最大转速 150r/min，无法满足地面普通回转取心钻进的要求。

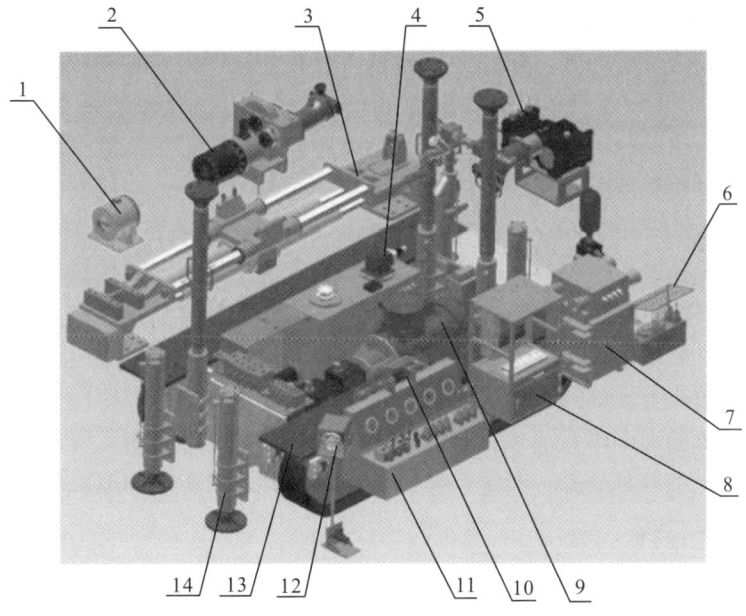

图 1-5 ZDY12000LD 钻机总体结构图

1-夹持器；2-动力头；3-机架；4-油箱；5-泥浆泵组件；6-支撑行走操作台；7-电控柜；8-电脑柜；9-电机组件；10-水路系统；11-钻机操作台；12-照明灯；13-履带车；14-支撑油缸

国内石油钻机施工水平孔深度较深,钻孔主要形式先钻垂直部分,再施工水平部分,一般不取心,体积重量大,不适合高山峡谷地区铁路勘察应用。国内生产的水平绳索取心钻机主要有英格尔 600 型、西安探矿机械厂 1200 型、无锡锡钻 600 型等,一般钻孔设计能力没有超过 1000m。中国煤炭科工集团研发的多种规格的水平钻机大多在地层单一、岩层较软的煤层中应用,转速较低,扭矩较小。

1.3.2　定向勘探工程材料发展现状

在定向钻进过程中,钻井液是此过程中必不可少的流体介质,其性能直接影响到钻探的效率和质量,具有冷却钻头、润滑钻具、支撑井壁等作用,常用的钻井液材料包括泥浆、聚合物、磷酸盐、硼酸等;同时需要固井护壁材料保持井壁的稳定性和完整性,以避免井壁塌陷、漏水等问题。现代固井护壁材料多采用水泥、固化剂、聚合物等材料制成。

1. 国内现状

国内常用的冲洗液材料主要包括泥浆、聚合物、磷酸盐、硼酸等。泥浆作为最传统、最常用的冲洗液材料,其成分主要包括水、黏土、增稠剂、乳化剂等。磷酸盐冲洗液是一种中性或弱酸性的冲洗液,具有环保、高温、高压、高盐等优点。聚合物冲洗液是指采用以聚合物为主体的冲洗液,其主要优点是在钻探过程中黏度稳定、渗透能力强。在钻井液材料研究方面,国内学者和企业已取得了一些进展。例如,部分高校和科研机构研究了以纳米颗粒为基础的新型冲洗液材料,具有高温、高压、抗沉降等特点;某些企业研究了使用生物降解材料制备的环保冲洗液,可以有效减少环境污染。

国内常用的井壁加固材料主要包括水泥、石灰、粉煤灰等传统材料,以及环氧树脂、聚氨酯等新型材料。其中,水泥、石灰等传统材料被广泛应用于井壁加固中,其主要作用是填充孔隙、增加地层支撑力。新型材料具有黏接性好、硬化时间短、强度高等优点。国内在井壁加固材料的研究方面也有不少进展。例如,中国科学院地质与地球物理研究所研究出一种高分子合成环氧树脂材料,可用于井壁加固和堵漏;中国石油化工股份有限公司石油勘探开发研究院研制出一种新型防窜漏材料,具有高温、高压、高韧性等特点,适用于不同地质环境。

2. 国外现状

国外常用的冲洗液材料也有泥浆、聚合物、磷酸盐、硼酸等,国外的冲洗液材料比国内更加丰富多样。例如,美国在石油钻井领域有较多的研究成果,新型冲洗液材料包括胶体硅酸盐钻井液、电子流体钻井液等,这些新型冲洗液材料具有更好的高温、高压性能，环保性能，以及减阻性能等。国外在冲洗液材料研究方面也取得了很多进展。例如，英国的一家公司研制出一种基于葡聚糖的生物降解冲洗液，具有良好的流变性能和环保性能；挪威的一家公司研制出一种基于甲基纤维素的冲洗液，可以有效解决钻井过程中的黏滞性问题。此外，欧洲和日本等国家也在研究新型冲洗液材料，包括纳米颗粒、离子液体等。

国外常用的井壁加固材料包括水泥、石灰等传统材料，也包括环氧树脂、聚氨酯、聚合物等新型材料。其中，美国、加拿大等国家在新型材料的研发和应用方面较为活跃，如美国哈佛大学研究出一种基于聚合物的新型井壁加固材料，具有高强度、耐高温、耐高压等特点，能够抵御复杂地质条件的影响。国外在井壁加固材料的研究方面也有不少进展。例如，英国南安普敦大学研究出一种基于碳纳米管的新型水泥材料，可以提高井壁的强度和耐久性；挪威国家石油公司研究出一种基于石墨烯的新型水泥材料，具有高强度、高温、高韧性等优点。

此外，国内和国外都在研究新型井壁加固材料，如基于纳米技术的材料、光纤传感井壁加固材料等，这些新型材料具有更加优异的性能和更广阔的应用前景。随着技术的不断发展和研究的深入，未来的井壁加固材料将会更加高效、环保、安全。

总的来说，国内和国外在冲洗液材料和固井护壁材料的研究方面都取得了一定的进展。不过，相较于国外，国内的材料研究仍然存在一些不足，如冲洗液材料种类较为单一、环保性能有待提高等；固井护壁材料性能不稳定、应用范围受限等。因此，在今后的研究中，国内应加大力度推进钻井液材料和固井护壁材料的研发，不断提高材料性能、环保性能和应用范围，以满足国内钻探业的需求。

1.3.3 定向勘探技术现状

定向钻进主要应用于受地面环境条件限制、地下地质条件的要求、纠斜施工、处理井下事故的特殊需要及提高经济效益的需求五个方面。

国外定向钻进技术与国内技术水平整体上差不多，主要分为两大类，一是石油勘探定向钻进技术，还有一个是地质矿产定向勘探，尤其是中国煤炭科工集团煤矿勘探上的定向钻进技术。

1. 石油勘探定向钻进技术

近年来，石油钻井定向井技术的发展，使得石油钻井事业得到了前所未有的发展机会，定向井新工艺、新技术的出现，大大提高了石油钻井机械转速，缩短了传统石油钻井的施工时间。先进的石油钻井并行技术，更是保证了井筒的质量，提高了定向井井眼轨迹精确控制的水平，保证了井眼轨迹符合施工设计要求，满足了现代油田勘探开发的技术要求，提高了钻井的效率和质量。石油勘探定向钻进主要包含以下几大类。

（1）超薄油层水平井钻井技术。这项技术主要是针对水平井的缺点而进行研究的，在采油工程中加入这项技术的运用，可以很有效地开采超薄油层，而且这项技术随着采油工程的实践也变得越来越成熟。

（2）大位移井钻井技术。这项技术顾名思义就是能够通过在大陆上钻井来开采蕴藏在海底中的石油。同时其使用较多的轨道设计，能够控制设备在轨道上进行工作，可以更有效地保证施工的顺利性，目前这项技术也是非常高效的。

（3）分支井钻井技术。这项技术的运用已经有些年头了，运用该技术可以带来非常好的经济效益，经过多次的研究及实践，这项技术如今变得越来越成熟，能够攻克一定方面的采油难题。

（4）丛式水平井钻井技术。这项技术可以最大程度地带来经济效益，而且能够很轻松地进行采油钻井并有效地提取石油，在国内大部分油田也采用这样的技术，其可以带来最直观的经济效益。

（5）其他技术。除了上述的多种开采技术，还有很多其他类的采油技术和钻井技术，它们不能够满足开采的需求，也就是说这些技术仍处于发展阶段，还不能完全使用这些技术对油田进行工程采油，但是这些技术也可以辅助其他技术顺利进行工作。但是根据近几年的油田开采情况来看，这些技术如今也变得越来越重要。

石油勘探定向钻进主要依靠钻具重力推动定向钻具，钻孔一般先施工垂直段，再施工定向段，一般不取心，体积重量大，井底数据信号传递依靠泥浆脉冲传到地表进行解译，钻孔口径大，钻具外环空间隙大，泵量大，不适合高山峡谷地区铁路钻探应用。

2. 地质矿产定向勘探技术

煤矿井下地质勘探的过程中应用定向钻进技术不仅能够有效提升煤矿开采的作业效率，还能够切实保障煤矿生产人员的安全。定向钻进技术在实际应用的过程中，通过定向钻机及相关随钻系统，实现对岩层和煤层的构造探测、探排水、瓦斯抽放等钻孔施工，实现对当前煤矿开采地区实施地质条件、水文条件、瓦斯、工程地质条件的探测、监控，获取精准度较高的地质数据，从而保障煤矿生产的有序进行。

相比于其他井下地质勘探技术，定向钻进技术最大的特点就是能够通过人工操作实现对钻头钻进的轨迹及空间位置的转变。在实际地质探测的过程中，首先需要将探头放置在区域较深的井下开采空间内，从而对钻头的参数及孔深进行设定，根据钻孔轨迹能够科学准确地计算出孔身的左右位移情况，之后对定向钻进探头数据进行分析，从而得出钻孔前方煤层的赋存情况及周边开采地质条件。通过分析定向钻进技术钻孔的运行轨迹，能够有效查明勘测点和周边地层变化等信息。

中国煤炭科工集团西安研究院应用自主研发的定向钻进技术及装备在中国神华能源股份有限公司保德煤矿进行定向钻孔工程示范，完成了沿煤层超千米贯通定向钻孔，创造了我国井下定向钻进孔深新的纪录。但中国煤炭科工集团开展的超深定向钻进采用钻杆代替电缆将孔底信号传输到地表，钻杆价格高，钻杆之间连接稳定性差（触点接触，易生锈），不能进行取心钻进，取心钻进时需要重新更换钻杆。

中国地质科学院探矿工艺研究所采用有缆随钻/螺杆马达小直径地质受控定向钻进技术，在若尔盖铀矿田极端复杂地层取得突破，成功进行了定向钻进、纠斜施工、分支孔、侧钻绕障等，获得高质量定向效果，成功实现"一基多孔、一孔多支"的绿色钻探目标，减少搬迁、保护生态、提高效率，在西部高原地区起到示范与推广作用。在若尔盖铀矿田应用有缆随钻/螺杆马达定向技术在1个钻孔中分别完成2个分支孔(ZK3-1、ZK3-5)的钻进试验，揭穿下部更深铀矿层，对扩大铀矿储量、增大矿区范围具有重要意义；完成了1个跨越勘探线三维定向孔(ZK4-1)施工，1个二维定向孔(ZK12-1)施工；完成了在2个钻孔(ZK15-1、ZK15-5)中进行纠斜试验；完成了3次侧钻绕障处理事故，取得了高精度的定向效果，满足地质设计要求。

四川省煤田地质局研发了固体矿产大倾角深孔有缆随钻定向钻进技术，采用绳索取心钻杆、有缆随钻测斜仪、螺杆钻具定向钻进，使钻孔轨迹按设计轨迹达到地质目的层及控制标高，在四川省珙县筠连矿区大雪山矿段普查中得到了很好的应用。

山东鲁南地质工程勘察院采用绳索取心钻进工艺，结合螺杆钻具，在宋楼矿区铁矿勘探项目共布设钻孔16个，总钻探工作量约22000m。

利用定向钻进技术，可以在一个基台进行多个钻孔或在一个孔内进行多个分支孔的钻进，从而减少了基台的数量、道路修建和物资搬迁工作，解决了斜孔施工孔内阻力大、提下钻困难，孔壁坍塌、掉块等矿区钻探技术难题，使钻孔准确抵达地质设计靶点，不仅节约了钻探工作量和钻探施工费用，而且定向钻孔还能深入到过去钻孔无法深入的矿床禁区，加快了勘探速度，提高了勘探精度，解决了普通钻探无法进行钻孔轨迹准确控制的难题。

1.4　定向钻探亟待解决的技术问题

1.4.1　定向勘探钻机存在的问题

(1)国产全液压岩心钻机的性能普遍不稳定,在浅层地层和相对软的岩石上凿岩效果优秀,但是当遇到玄武岩等深层岩石时,由于钻杆过长或者阻力过大,钻机不能稳定连续输出回转及给进动力,从而导致钻头非工作性损坏和效率下降。

(2)地面岩心钻机钻孔角度在 45°～90°,不能满足小倾角 0°～45°勘察孔的取心钻进施工,而在国内煤矿系统的水平定向钻机在取心钻进方面的应用效果较差(最高转速在 150r/min 左右),目前国内能适用于隧道工程超千米水平取心勘察钻进的设备鲜有报道。

(3)在倾斜(水平)钻孔(>500m)钻进中,常规的单、双管钻进,必须每个回次都需要提钻和下钻,劳动强度大,钻进效率非常低,而且在提钻和下钻过程中,由于孔壁掉块,容易引起孔内事故,严重的还会造成钻孔报废。

(4)智能化水平低。不能满足钻进参数数字化监测和远程控制的需要。

(5)煤田研发的水平钻机转速较低,扭矩较小,难以满足复杂地层取心需求。

1.4.2　钻探工程材料存在的问题

在钻井液材料和固井护壁材料方面,目前存在一些缺点和挑战,主要包括以下几个方面。

(1)环境污染问题:传统的冲洗液中含有大量的有害化学物质,如苯、甲苯、二甲苯等,它们在钻井过程中可能会泄漏到环境中,对周围的土壤、水源等造成严重污染;传统的固井护壁材料中可能含有大量的有害化学物质,其施工过程可能对周围的土壤、水源等造成严重污染。

(2)操作难度大:传统的冲洗液和固井护壁材料需要在钻井现场进行配制和调整,且操作难度较大,对操作人员的技术水平要求较高。

(3)成本较高:传统的钻井液中含有大量的化学品和添加剂,成本较高,对整个钻井过程的成本产生一定影响。

(4)性能不稳定:传统的冲洗液中的化学品和添加剂容易受到环境因素的影响,其性能不稳定,可能导致钻井效率低下、钻头损耗等问题。在深水、高温、高压等恶劣环境下,传统的固井护壁材料容易失效,导致加固效果不理想。

随着国家加大力度对环境的治理与保护，迫切需要绿色工程材料的研发。目前，冲洗液材料的研究方向主要是开发环保型、高效性能、低成本的新型钻井液材料，如生物降解钻井液、高密度气浮钻井液等；固井护壁材料的研究方向主要是开发高性能、高耐腐蚀性、环保型的新型固井护壁材料，如基于新型材料的固井护壁材料、生物降解型固井护壁材料等，以期达到钻井过程高效、加固效果更好、操作更便捷、安全和环保的目的。

1.4.3　定向勘探技术存在的问题

(1)煤炭系统实施的小直径的水平定向钻进主要通过特制钻杆代替电缆传递孔底钻孔轨迹信号，主要应用于煤炭井下瓦斯抽放孔和排水孔等，成本较高，同时此类实心钻杆不能实现绳索取心钻进，不能满足地质岩心钻探取心技术要求。

(2)石油系统(或大直径钻井)水平定向钻进一般采用无缆随钻定向，钻孔直径大，泵量大($\geqslant$10L/s)，泵压高，设备重，无法在地质岩心钻探中应用。此外，石油(或大直径钻井)定向钻进不能开孔水平定向，一般不取心，直径大，重量重。

(3)国内常用的地质系统小直径水平定向钻进方法如下。偏心楔纠斜法，定向困难，不适合用于纠斜工作量大的钻孔；连续造斜器法，定向不精确、误差大，定向仪器水平无法投送，且不适宜用于深孔造斜；采用小直径弯螺杆马达/有线随钻定向钻进，定向精确、钻孔轨迹可控且可连续造斜，泵量小，泵量 2～3L/s，能够满足 Φ96mm、Φ76mm 口径随钻定向钻进需求，螺杆钻是以钻井液为动力介质的一种孔底动力钻具，但是如何配合绳索钻杆(现有其他钻杆内通径太小)将定向器具水平投送到位、固定和打捞回收，需要进一步研究。

1.5　主要内容及技术路线

1.5.1　主要内容

1. 开展超千米水平孔绳索取心定向钻探器具与装备研发

(1)在国内外现有全液压动力头钻机技术基础上，开展超长动力头式水平钻机的研发，确保钻机回转扭矩和提升能力，满足千米以上绳索取心钻进要求。

(2)开展水平(仰斜)绳索随钻定向钻进器具研发，实现水平(仰斜)绳索随钻定向仪器的推送、固定和打捞回收配套器具，形成一套水平绳索定向钻进器具。

(3) 针对水平(仰斜)孔涌水大、压力高问题, 创新设计孔口连接旋转密封装置和三通装置, 实现钻孔涌水分级导流。

2. 开展超千米水平孔绳索取心定向钻探绿色工程材料研制

(1) 为解决高寒生态脆弱区铁路隧道超千米水平孔绳索取心定向钻进冲洗液技术难题, 开展低温绿色防塌冲洗液体系研究。

(2) 为解决低温环境下复杂艰险山区铁路隧道超千米水平孔绳索取心定向钻进孔壁稳定性难题, 开展低温纳米复合水泥基护壁材料研究。

(3) 为解决超长水平孔绳索取心定向孔钻进中严重漏失地层的钻孔堵漏问题, 开展惰性材料-智能凝胶复合堵漏材料研究。

3. 开展超千米水平孔绳索取心钻探方法与技术研究

(1) 研究复杂地层超千米水平孔绳索取心工具投送方法, 创新水平绳索取心钻进工艺技术, 实现复杂艰险山区铁路隧道勘察超长水平孔绳索取心钻进, 提高定向孔取心钻进效率与质量。

(2) 研发随钻多参数综合测井系统, 采用近端数字化测量技术、实时数字处理、增强可靠性的成果数据传输和保存方法。实现孔内多参数随钻快速高效获取。

(3) 构建复杂艰险山区铁路隧道水平孔绳索取心定向钻探模式, 制定《定向钻探技术规程》, 创新铁路隧道超长连续高精度取心定向勘探技术体系。

4. 现场应用研究

将研究的方法和技术、研发的定向钻探装备与器具以及研制的钻探绿色工程材料应用于典型工程, 根据现场应用效果不断反馈和优化, 最终形成铁路隧道超长连续高精度取心定向勘探技术体系。

1.5.2　技术路线

以系统化工程、信息化动态反馈、绿色环保协调理念为指导, 创新开展超长绳索取心钻探方法和技术研究、定向钻探装备与器具研发以及钻探绿色工程材料研制, 并将研究成果应用于典型工程现场。由此构建复杂艰险山区铁路隧道水平孔绳索取心定向钻探模式, 创新铁路隧道超长连续高精度取心定向勘探技术体系。技术路线如图 1-6 所示。

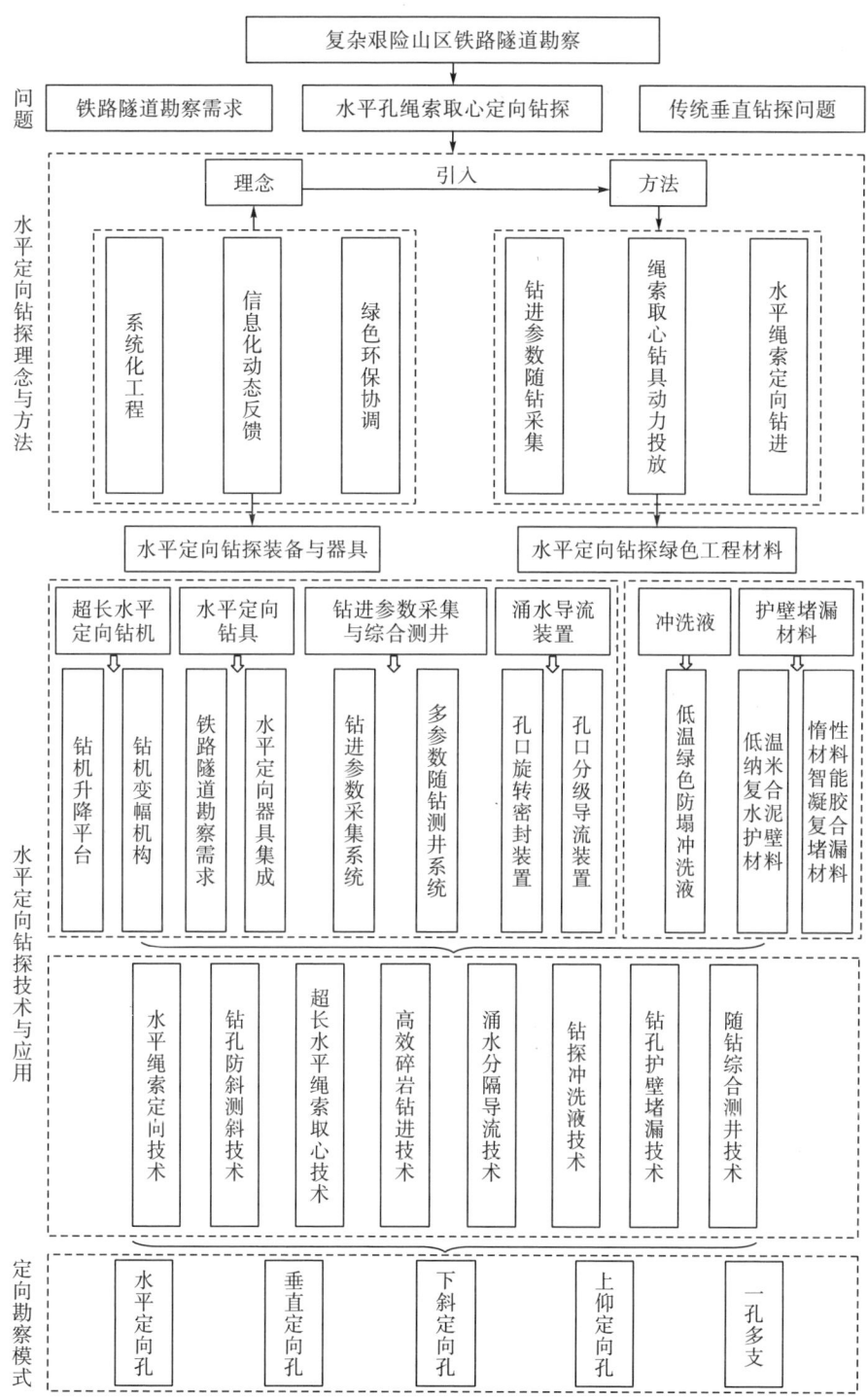

图 1-6　研究技术路线图

1.6　研究历程及主要成果

1.6.1　研究历程

(1) 2006～2011 年，屈科、蒋良文开展了"铁路长大隧道综合勘探及集成技术研究"(原铁道部科技研究开发计划重大课题，课题编号 2006G008)，建立了单动双管植物胶冲洗金刚石钻进成套技术，可显著提高破碎地层岩心采取率，适用于碎石类土、滑坡、断层破碎带等岩心采取困难地层钻进；普通金刚石钻探与绳索取心相结合深孔钻探技术，在满足技术要求的同时，充分发挥绳索取心钻进的优势，提高了深孔钻进效率；创新了水平及斜孔钻探技术，可节约钻探工作量，提高钻探工作的针对性。

(2) 2013～2015 年，王胜等开展了"低温聚合物钻井液黏度/温度响应与调控"(国家自然科学基金，课题编号 51204027)，针对高寒生态脆弱区复杂地层勘探过程中低温对浆液流变性能的影响问题，基于钻井液理论、低温流体及高分子化学相关理论研制适于该区域地层钻进的低温无固相/低固相聚合物钻井液基本配方，为复杂艰险山区的勘探从钻井液方面打下坚实的基础。

(3) 2015～2016 年，楼日新、韦猛等开展了"定向钻进技术在高寒山区铁路勘察中的应用研究"[中铁二院工程集团有限责任公司科技开发项目，项目编号 KYY2016004(15-16)]，创新地提出将定向钻进技术运用于高寒山区的铁路勘察工作中，可实现一孔多支、异地开孔等技术要求；根据高寒山区铁路勘察对定向钻进技术的特殊要求，提出了一套适宜的钻进工艺及其参数，以及冲洗液(钻井液)体系；根据铁路勘察特点，提出配套的 LG-1 型定向钻进造斜器，结构合理、操作简便、性能可靠，通过配套使用适宜的造斜工具和随钻测量仪器，能够确保实际定向钻进的钻孔轨迹与设计的钻孔轨迹相符，能够确保实现预期的人工受控定向钻进取心技术。

(4) 2016～2019 年，吴金生等开展了"深部岩体原位力学行为"之子课题"深部原位取心原理与技术"(国家重点研发计划，课题编号 2016YFC0600701)，针对深部岩体原位取心难题，自主研发了一种单动双管保温保压原位取心工具(GW150-50B)，该保真取心工具采用的是球阀式封闭机构，内外双筒结构，割心时内筒与外筒产生相对运动，关闭内筒下端的球阀，保持内筒中的岩心始终在孔底压力和温度状态水平，实现深部岩体力学参数地面原位测试目标，提高勘探效率。

(5) 2017～2020 年，王胜等开展了"纳米复合水泥浆液低温水化过程与流变/凝固特性研究"(国家自然科学基金，课题编号 41672362)，低温环境对水泥浆液流变与凝固性能的影响是进行复杂地层钻探水泥基材料护壁堵漏研究的关键问题。针对目前对此方面基础研究的不足，对复合浆液的低温水化过程进行研究，揭示低温环境对复合浆液水化过程的影响规律，采用智能流变仪对复合浆液的流变模式、黏度时变特征、低温流变特性进行研究，揭示复合浆液的低温流变响应规律；并研究低温环境下复合浆液凝结时间与浆体强度的变化规律；研制了适于该区域的纳米复合水泥基护壁堵漏材料并进行表征。研究成果为高原生态脆弱区域的复杂地层钻探护壁堵漏研究提供较系统的理论基础和科学依据。

　　(6) 2017～2018 年，楼日新、侯锦等开展了"铁路勘探纳米复合水泥基钻孔护壁技术研究"[中铁二院工程集团有限责任公司科技开发项目，项目编号 KYY2017015(17-18)]，立足于铁路工程建设地质勘探钻孔垮塌与浆液漏失特点，以硅酸盐-硫铝酸盐复合水泥的水化协同效应为基础，通过纳米材料与外加剂的优选，研发了纳米复合水泥基钻孔护壁新材料，对其流变/凝固性能进行评价，对配套的护壁工艺进行研究，提出了一套纳米复合水泥基钻孔护壁技术方案，具有使用安全、无毒无污染特点。

　　(7) 2018～2019 年，楼日新、侯锦等开展了"地质勘探复杂地层高效固壁技术与材料研究"[中铁二院工程集团有限责任公司科技开发项目，项目编号 KYY2018018(18-19)]，以双液注浆为技术思路，通过研制适应地质钻孔环境的双液注浆管路及其连接器、孔内双液混合器、高效固壁材料等，构建了一套地质勘探复杂地层高效固壁技术体系，能够快速解决孔壁失稳、钻孔漏失等孔内复杂问题。

　　(8) 2018～2019 年，楼日新、侯锦等开展了"铁路工程漏失地层触变性水泥浆液堵漏(灌浆)技术研究"[中铁二院工程集团有限责任公司科技开发项目，项目编号 KYY2018007(18-19)]，项目在以现有的有机、无机处理剂、表面活性等为材料，通过对触变剂、交联剂及水泥浆性能调整剂等材料单剂、复配剂进行评价的基础上，优选出了性能优良且配伍性好的新型强触变性水泥浆剂。该新型强触变性水泥浆体系能够解决铁路工程建设地质勘探，以及隧道、基础施工中漏失问题。

1.6.2　主要成果

　　(1) 研发了复杂艰险山区铁路隧道超千米水平孔绳索取心定向钻探装备及器具。自主研发超长全液压动力头定向勘探钻机，创新设计自动升降平台和变幅机构，解决了钻探装备水平(仰斜)钻进稳定性难题，实现远程控制无级变速，最大水平钻进深度 1800m(NQ)。发明了小直径水平绳索随钻定向取心器具，创新设计了钻孔涌水分离装置，从钻探装备和器具方面为复杂艰险山区铁路隧道超长水平孔绳索取心定向钻进奠定了坚实基础。

(2)研制了复杂艰险山区铁路隧道超长水平孔绳索取心定向钻探绿色工程材料。创新研制了低温绿色防塌冲洗液、低温纳米复合水泥基钻孔快速护壁材料以及复合堵漏材料，有效解决了高寒生态脆弱区超千米水平孔绳索取心定向钻进的钻孔冲洗、孔壁垮塌及恶性漏失三大难题，为复杂艰险山区铁路隧道超长水平孔绳索取心定向钻进从钻探绿色工程材料方面提供了有力保障。

(3)形成了一套复杂艰险山区铁路隧道超长水平孔绳索取心定向钻探方法与技术。创新了水平绳索随钻测量与轨迹控制方法，开发了超长水平孔绳索取心技术，攻克了超长水平孔综合测井技术，构建了超长水平孔绳索取心定向钻探模式，创新了铁路隧道超长连续高精度取心定向勘探技术体系。从方法和技术方面为复杂艰险山区铁路隧道超长水平孔绳索取心定向钻进提供了关键技术支撑。

第 2 章　自然地理与地质环境条件

中国地形西高东低，呈三级阶梯状下降，艰险地区多集中分布于一级阶梯的青藏高原及其周缘山区。艰险地区地形复杂多样，山高谷深、地势起伏剧烈，地质条件复杂多样，新构造运动及地震活跃，地质灾害类型多、分布广，加之气候条件复杂多变、生态系统复杂多样、生态环境脆弱敏感，建设条件极为复杂，给隧道工程建设、施工及运营带来了巨大挑战。

2.1　自然地理环境

中国地形走势西高东低，呈阶梯状下降。地形复杂多样，山地、高原、丘陵占 2/3 以上，平原、盆地等不足 1/3。

西南地区地势西高东低，山川秀丽、景象万千。山地、高原、丘陵、盆地均有分布。主要包括青藏高原、云贵高原、川西山地高原、四川盆地、渝东山地及广西盆地等。从西到东的地貌可划分为三个台阶。

(1)青藏高原为第一台阶，高程以 4000～5000m 为主。高原上有喜马拉雅山、冈底斯山、喀喇昆仑山、昆仑山、唐古拉山、念青唐古拉山等山脉，其中，喜马拉雅山脉的珠穆朗玛峰 8848.86m。在昆仑山脉、唐古拉山脉和冈底斯山脉、念青唐古拉山脉之间，是一片广阔的高原。冈底斯山脉和喜马拉雅山脉之间为雅鲁藏布江流域的东西向干流。

(2)云贵高原、四川盆地周边及重庆地区属于第二台阶，高程以 1000～2000m 为主。高原西部周边高山高程也在 4000m 以上，主要有玉龙雪山、哈巴雪山、梅里雪山、碧罗雪山、点苍山、高黎贡山、白马雪山等。云贵高原自西向东高程降低，昆明一带高原盆地高程为 1900～2000m，至贵阳一带盆地高程降为 900～1000m。四川西部山地高原有高程 4500m 以上的万年雪山，大雪山主峰贡嘎山高程 7508.9m，川西北岷山的最高峰雪宝顶 5588m。四川盆地四周有龙门山、邛崃山、大相岭、大巴山、大雪山、大凉山、沙鲁里山、雀儿山、华蓥山、龙泉山及云贵高原上的大娄山，高程在 1000～3000m，多为中山地貌。

(3)广西盆地主要属于第三台阶，高程 1000m 以下为主。盆地四周山地环绕，桂西及桂南有大明山、都阳山、高楼岭、十万大山、六万大山、勾漏山、大容山及罗阳山，桂北、桂东北有苗儿山、海洋山、九万大山和大瑶山，其中苗儿山和元宝山主峰高达 2000m 以上，其余多在 1500m 以下。广西盆地中郁江流域高程在 50～200m，桂中平原等高程也在 200m 以下。

若线路处于 2000m 以上的高海拔区域，其缺氧、低压、强紫外线等因素对施工组织设计也会产生不利影响：

(1)海拔不同对人体机体、神经方面影响也不同，在不改变施工方案条件下，工效明显不同。随着海拔升高，办公生产生活配套设施标准也逐渐提高。

(2)海拔不同对机械施工效率的影响主要是对柴油发动机的影响、传动系统的影响、液压系统的影响、对制动系统的影响、对电气机械的影响。随着海拔升高，施工机具除施工效率降低外，还有困难环境下机件磨损加速引起的折旧费、检修费、维护费和安装拆卸费等费用的增加。

2.2　气象条件

艰险地区一般气候变化明显，给施工带来很大的困难，常见的恶劣天气状况如下。

1)季节性干湿特征明显，暴雨发生频率较高、强度较大

一般山区大到暴雨降水量占全年总降水量的 50% 以上。例如，青藏高原以东的西南山区(川、渝、黔、滇)境内分布着众多河流，该地区受季风环流和复杂地理环境的影响，年降水量在 1600mm 以上。受山区地形地貌影响，一旦发生强降雨，山区汇水速度极快，容易导致洪水、滑坡、崩塌、泥石流等地质灾害，影响辅助工程的选址和安全保护，甚至造成人员伤亡。例如，2018 年 10 月形成于白玉县及江达县境内的金沙江堰塞湖，对沿线交通、居民生命财产安全等带来了巨大影响。

2)山谷风作用明显，风力大，空气湍流(紊流或乱流)危害严重

白天山坡上的空气受热大于河谷底层的大气，产生上升气流，谷底空气沿坡地上升便形成了谷风，即下层风由谷底吹向山坡，称为谷风；到了夜间，空气环流反转，山坡上部的冷空气下沉至谷底，即下层风由山坡吹向谷底，则称为山风。横断山脉的山谷风具有风力大、风向复杂并呈周期性规律的特点，一般早晨山谷风的作用最小。山谷风的作用对谷间重点工程施工方案带来影响，如隧洞进出口工程施工以及桥梁架设工程影响较大。

3)降雪时间长、交通安全隐患大

山区同一地区通常一日四季,山坡降雪量大时长,常年不化。降雪初期及末期,通常安装防滑链可继续通行。进入冬季后,气温急剧降低,路面结冰难以融化,人员、材料、设备设施等资源的运输能力严重受限,影响材料供应计划的进度和工程施工方案的落实。同时,降雪也容易导致山地发生雪崩、岩石崩塌等地质灾害,阻断道路,发生人身伤亡事故和财产损失。

2.3　交通基础条件

艰险地区配套基础设施相对薄弱,公路网密度较小,道路以国道、省道、乡道、机耕道等为主,道路等级普遍不高;因运能有限,河流基本处于原始状态,有通航能力的水道较少。

进藏通道沿线交通设施极为薄弱,公路是最主要的交通运输方式。公路主要有国道 G318、G317 和雅康高速公路。国道 G318 起于上海,经浙江、安徽、湖北、重庆后至四川成都,再经雅安、康定、左贡、林芝后,至西藏首府拉萨市,2017 年进出藏(巴塘县观测点)车辆自然合计 1357 辆/日,其中,中小客车 900 辆/日;国道 G317 起于成都,经都江堰、马尔康、昌都,终至那曲,2017 年进出藏(桑多九道班观测点)车辆自然合计 797 辆/日,其中,中小客车 604 辆/日。这两条公路交通方式单一,很多区段尚为三级公路,交通干道标准低下,抗灾能力弱,地质灾害多,受气候影响大,已经不能满足沿线地方经济发展的需求。

雅康高速公路道路等级较高,双向 4 车道,全程设计速度 80km/h,2018 年12 月,雅康高速全线试通车。雅康高速是规划建设国家高速公路网东西横线中雅叶高速公路(远期展望线)的组成部分。

2.4　生态环境条件

1. 动植物种类珍稀丰富、自然景观多姿多彩,生态系统复杂多样

艰险地区显著的地理环境(图 2-1)孕育了复杂多样的生态系统,原始森林及野生动植物资源十分丰富,部分山区是珍稀野生动物、植物生存繁衍栖息地和生物物种多样性的起源地。随着海拔及气候变化,艰险地区既有类型众多的山地森林生态系统,又有绚丽多彩的灌丛、草甸、河谷生态系统,以及高山、高

寒稀疏植被生态系统，造就了灌丛、草甸、森林、溪流、江河湖泊、雪山、峡谷等各种自然景观。根据《中国生物多样性保护战略与行动计划》（2011—2030年）、《中国生物多样性保护优先区域范围》，艰险地区多是我国生物多样性优先保护的重点区域。

图 2-1　艰险地区生态系统复杂多样

2. 生态保护红线范围大、环境敏感区域密集交织，生态环境脆弱敏感

根据《全国主体功能区规划》、《全国生态功能区划》以及各省（直辖市、自治区）公布的生态保护红线划定方案，艰险地区多被划为生态保护红线范围，自然保护区、风景名胜区、森林公园、自然遗产地、国家公园、地质公园、湿地公园、饮用水水源保护区等各类各级环境敏感区密集广布且部分区域重叠交织，生态服务功能重要、生态系统敏感脆弱。

2.5　地质环境条件

1. 地层岩性

西南地区处于欧亚板块的东南缘，与太平洋板块和印度板块相接，各地区地质环境差异较大，发展历史各不相同，区域地质各具特点。全区沉积类型多样，地层出露齐全，新生界、中生界、古生界、元古界、太古界的地层均有出露，其间多期岩浆活动强烈，岩浆岩分布广泛，规模巨大，既有岩浆侵入，又有岩浆喷发，演化历史漫长。变质作用类型齐全，变质程度各异，成矿条件优越，矿产资源丰富，是全国乃至全球具有重要地质特色的地区之一，也是全面研究地壳构造演化的重要地区之一。

2. 地质构造

1) 大地构造分区

根据西南及邻区地史演化过程中沉积组合、岩浆活动、变质作用和构造运动等时空发育的总体特征，西南地区大地构造可划分为喜马拉雅褶皱系、冈底斯—念青唐古拉褶皱系、青藏—滇西褶皱系和扬子地台四个地质构造区，各区与相邻区之间均以深大断裂带为界。

2) 活动构造分区及主要活动断裂分布

在西南地区，涵盖了 5 个主要构造块体：喜马拉雅块体（Ⅰ）、西藏块体（Ⅱ）、甘青块体（Ⅲ）、川滇块体（Ⅳ）和华南地块（Ⅴ）。构造块体由几条重要的构造活动带分割而来，雅鲁藏布江带是喜马拉雅块体与西藏块体的分界线，拉竹笼—可可西里—金沙江带是西藏块体与甘青块体的分界线，金沙江—红河带为川滇块体的西南边界，鲜水河断裂—安宁河断裂—小江断裂构成川滇块体的东北边界。现今构造格局的形成经历了极其复杂的演化过程，该区的活动断裂（带）共包括 19 条。

3. 地震

西南地区位于青藏高原地震区，主要有雅鲁藏布江、察隅—墨脱、滇西南、腾冲、鲜水河、安宁河、小江、马边—昭通、曲江、中甸—大理、可可西里、托索湖和松潘 13 个地震带，其分布与新构造活动断裂带基本一致。

据地震资料统计，西南地区历史上发生 6 级及以上（面波震级）地震 189 次，其中 6～6.9 级地震 161 次、7～7.9 级地震 21 次、8 级及以上地震 7 次（最大震级为西藏察隅地震 8.5 级）。强震的发生频度各地有较大的差别。西藏、云南、川西现今断裂构造活动强烈，因而强震发生频度较高。

4. 水文地质

按地下水的赋存状态和含水岩层结构、构造，西南和邻近地区的地下水可分为 4 种类型：松散沉积孔隙水、基岩裂隙孔隙水、碳酸盐岩类岩溶裂隙溶洞水和西藏高原多年冻土孔隙裂隙水。这些地下水类型的形成和分布受气候、水文、地形地貌、地层岩性、地质构造的控制。西南各省（自治区、直辖市）地质条件不同，因此各地区的水文地质特征也不同，如图 2-2 和图 2-3 所示。

西南地区地下水类型一般以 $HCO_3^- $-$Ca^{2+}$、$HCO_3^-$-$Ca^{2+} \cdot Mg^{2+}$ 型为主，酸性—弱碱性，软—微硬水，低矿化度，一般对混凝土结构无侵蚀性；但局部地区地下水类型为 HCO_3^--$Na^+ \cdot Ca^{2+}$、$HCO_3^- \cdot Cl^-$-Ca^{2+} 型，具碳酸盐侵蚀；煤系地层地下水

以 $HCO_3^-·SO_4^{2-}$-Ca^{2+}、SO_4^{2-}-$Na^+·Ca^{2+}·Mg^{2+}$ 型为主，具酸性侵蚀；个别地区硫酸根离子含量较高，具有硫酸盐侵蚀。

图 2-2　典型岩溶泉点形态　　　　　图 2-3　典型地下暗河形态

5. 主要工程地质问题

艰险地区广泛发育滑坡、崩塌、岩堆、泥石流、岩溶、采空区、有害气体、高烈度地震、活动断裂、高地应力、高地温等主要工程地质问题，对铁路工程的建设、施工及运营有重大影响。

1) 滑坡

滑坡形成的内在因素，主要受地层岩性和地质构造控制，多分布在各种黏性土、软质岩、软硬相间地层、构造破碎带或软弱结构面发育及降水量多等地带。软质岩遇水易软化，抗剪强度降低，促使滑坡形成。滑坡形成的外在因素，主要为河流冲刷、水库浪蚀、人工开挖边坡、坡体上加载、地下采空、地下水的浸湿、潜蚀和溶滤、地表水冲蚀和灌入、地震、爆破等。它们改变了斜坡的外形和应力状态，增大了下滑力或减小坡体内的抗滑力，从而引起滑坡。典型滑坡如图 2-4 和图 2-5 所示。

图 2-4　南昆铁路八渡车站滑坡　　　图 2-5　雅安市汉源县碎屑流滑坡

不稳定的滑坡对工程和建筑物危害性大，运营期间严重影响行车安全，极易造成行车事故与旅客伤亡。

2) 崩塌

崩塌常发生在高陡山麓斜坡或河谷陡岸地带,尤其是新构造运动剧烈、深大张开卸荷裂隙较多的地段,是斜坡上的张、剪应力超过岩土体的软弱结构面强度而崩落的结果。在地层岩性上,它多发生在软硬交互的砂页岩、中厚层及块状砂砾岩、石灰岩、片理发育的硅质片岩、片麻岩、混合岩及岩浆岩地段;在地质构造上,多发生在褶曲轴部、断层带、断层挤压破碎带、断层交会带、节理密集带及不整合接触带;其动力来源多是地表水冲刷、潜蚀、差异风化作用使本坡下部支撑力减小,或岩土体中软弱结构面抗剪强度降低,或与人为的边坡开挖、采空、爆破、地震等因素有关,典型危岩如图 2-6 和图 2-7 所示。

图 2-6　砂泥岩地区典型危岩　　　　　图 2-7　灰岩地区典型危岩

崩塌落石常突然发生,隐蔽性强、危害性大、性质复杂,应采取防治措施,保证运营安全。

3) 岩堆

复杂山区大多山峰高耸,谷深坡陡,河流坡降大,新构造运动使地壳大面积抬升,河流强烈下切,自然山坡或河谷岸坡形成临空面,在一定的构造、岩性条件下,受各种地质营力作用而使岩体失稳产生落石、崩塌现象,在坡脚逐渐形成松散堆积体(图 2-8)。

图 2-8　西南地区典型岩堆地貌

岩堆的形成具多期次性，不同期次的堆积面常成为软弱面，特别是当地下水下渗至这些软弱面或倾斜的基床面时，岩堆体极易沿这些软弱带发生变形、开裂，甚至产生大规模滑动。由于岩堆体所含块碎石极不均一，密实度也相差悬殊，故不均匀沉降明显，一般不宜直接作天然地基的持力层。

4) 泥石流

泥石流是山区的一种特殊洪流，它是在山区一些较陡峻的流域内，由于植被覆盖率低，坡面及沟槽内聚积有较丰富的松散物质，在强大的暴雨、急剧的融雪融冰或水库的溃决作用下，松散堆积物质失稳与汇流水体形成水和泥沙、石块的混相流，具有较大的密度，速度快，惯性大，具有强大的动力，如图2-9和图2-10所示。

图2-9   东川蒋家泥石流沟   图2-10   成昆铁路哈尔沟泥石流

泥石流在运动过程中具有极大破坏作用，对铁路工程存在严重威胁，往往挟带巨大漂砾，具有大冲大淤的特点，在流通区具极强的冲击危害，在堆积区通常发生淤埋作用。

5) 岩溶

我国南方是碳酸盐岩的主要分布区，尤以西南地区较为集中。仅就滇黔桂三省而言，碳酸盐岩出露的面积即占三省总面积的1/2左右。区域范围内气候湿润，雨水充沛，故岩溶极为发育，其类型之多，堪称世界之冠。各种岩溶地貌齐全，主要有岩溶盆地、岩溶谷地、洼地、漏斗、落水洞、峡谷、峰林、峰丛、峰林平原、岩溶干谷等，如图2-11和图2-12所示。

岩溶对铁路工程的影响和危害主要表现在以下方面：一是岩溶地面塌陷威胁建筑物安全；二是隐伏岩溶洞穴及其充填物对建筑物基础稳定性的影响；三是岩溶涌水突泥对地下工程造成危害；四是岩溶洼地积水浸泡或淹没路基和其他地面工程。

图 2-11 溶蚀洼地 　　　　　　　　图 2-12 岩溶大厅

6) 采空区

西南地区地下矿藏资源丰富，富含煤、铅、锌、磷、铜等矿产资源，具有开采历史悠久，采空区普遍分布，大型矿床较多，面积广、规模大、开采深、矿区交叉重叠等特点。铁路通过矿区时，常会遇到大面积采空区，特别是煤矿采空区。地下煤层经大面积采空后(图 2-13)，煤层上部地层失去支撑，平衡条件被破坏，随之产生崩落、破裂、弯曲等变形，发展到地表，使地面下沉，随着煤层采空区的不断扩大，发展成为移动盆地。

图 2-13 云南昭通煤层露头及煤矿

当铁路工程位于采空区影响范围时，极易产生地表塌陷、开裂和不均匀沉降，变形常突然发生，给铁路运营造成严重隐患。

7) 有害气体

西南地区分布古生界至新生界煤系地层及含油气地层，富集大量有害气体，主要包括硫化氢(H_2S)、甲烷(CH_4)、一氧化碳(CO)、二氧化硫(SO_2)、二氧化碳(CO_2)、氮氧化物(主要代表 NO_2)、氨(NH_3)、氮(N_2)等。建设中已有多座隧道发生过煤层瓦斯或天然气瓦斯事故，瓦斯对工程的主要危害是其可燃性和爆炸性，其次为其窒息性和毒性，直接威胁隧道施工和运营安全。

8) 高烈度地震

西南地区位于青藏高原地震区，频发高烈度地震，据地震资料记载，共发生 7~7.9 级地震 21 次、8 级及以上地震 7 次(最大震级为西藏察隅地震 8.5 级)，近年发生的重大地震包括 2008 年四川汶川 8 级地震、2014 年新疆于田 7.3 级地震、2010 年青海玉树 7.1 级地震、2013 年四川芦山 7.0 级地震、2014 年云南昭通 6.5 级地震、2016 年康定 6.3 级地震等，对人民的生命财产造成了巨大的损失，也对西南地区高速铁路建设形成了巨大的挑战。地震发生后可产生地面开裂、地面错动及诱发的山崩、滑坡、泥石流、堰塞湖等次生重力不良地质灾害，导致房屋倒塌、桥梁断落、水坝开裂、铁轨变形等。

9) 活动断裂

西南山区新构造运动强烈，活动断裂广泛分布，活动断裂(带)共包括 19 条，著名的活动断裂带包括龙门山断裂带、鲜水河断裂带、安宁河断裂带、小江断裂带、玉树断裂带等。活动断层(裂)有两种基本活动方式：一种是以地震方式产生间歇性的突然滑动，称为地震断层或黏滑型断层；另一种是沿断层面两侧岩层连续缓慢地滑动，称为蠕变断层或蠕滑型断层。活动断层的活动往往伴生或引起地震、地面错动，并对地面建(构)筑物和人民的生命安全造成严重的影响，对高速铁路选址和建设形成巨大的挑战。

10) 高地应力

西南山区构造环境复杂，具有深大活动断裂发育、地震活动频发、新构造运动强烈等构造特征，其地应力场尤其是构造应力场复杂多变。高地应力对复杂山区长大深埋隧道工程的危害，主要有两个方面：一是硬岩发生岩爆，即高地应力区岩体中聚积的弹性变形能在开挖过程中突然释放，使岩石出现爆裂弹射等现象；二是软岩大变形，即地下洞室围岩在高地应力作用下发生显著的塑性变形和位移的现象。围岩强度应力比不同，岩爆与变形的程度也不同。

11) 高地温

西南地区高烈度地震频发、活动断裂广泛分布，导致高地温尤其是水热表现突出。水热的表征形式主要为热水爆炸、沸泉、温泉等，与活动断裂的分布密切关联，大部分沿活动断裂带呈带状展布。温泉分布呈现与断裂构造及地震强烈的相关性，温泉分布集中的区域往往也是断裂活动强烈和地震发育所在，如图 2-14 和图 2-15 所示。

图 2-14　云南保山塘子铺温泉　　　图 2-15　龙陵县邦腊掌大塘子大滚锅

深埋长隧道可能会遇到高温高压热水(汽)及高温岩体等热害问题,严重影响施工建设安全及工期,亦对运营安全、耐高温及防腐蚀性材料提出了更高的要求。

第 3 章 定向钻探轨迹控制理论与方法

地质勘探中，高精度受控定向钻探技术比较困难和复杂，尤其是地质钻孔的孔径较小，设计定向孔轨迹及定向钻孔施工之前，需要充分了解并掌握定向钻探轨迹预测理论及控制方法。还要研究钻孔自然弯曲的原因、规律，以及预防或利用的有效方法；根据已知地质条件，合理地设计定向钻孔轨迹；能可靠控制人工弯曲工具改变钻孔轨迹，且造斜强度稳定、可靠；能准确地对造斜工具定向和测量钻孔的顶角、方位角。

3.1 定向钻进轨迹预测理论

1. 轨迹预测的内涵

钻孔轨迹预测就是指根据钻孔当前的走向判断钻孔的延伸方向。影响钻孔轨迹的因素有很多，包括地质特点、地层的倾斜度、岩石的种类和强度等。钻孔轨迹的形成是这些因素共同作用的结果，但当前无法根据这些因素对井眼的轨迹进行精确的判断，只能在施工的过程中不断总结经验，并借助一定的数据进行辅助判断。为了确保钻孔轨迹的精确度，在实际钻进的过程中需要实时监控和调整钻头的前进方向。钻孔的实际走向在地面上是无法观察到的，只能在施工过程中采用专门的仪器进行实时观测。

从力学的角度来看，外力作用是改变物体运动轨迹的根本原因。物体的运动状态包括运动方向、速度两个方面，反映到钻井上来就是指钻速大小和钻孔方向。钻孔过程中会产生顶角和方位角。根据实际工作经验可以知道，在钻井过程中，钻头前进方向主要由钻头的受力情况所决定。而钻头的受力状况又受到钻具形状、钻具形变程度、地质特性等因素影响。

2. 定向钻进轨迹预测理论

定向钻进轨迹预测首先要确定钻孔空间位置，了解实际轨迹与设计轨迹的吻合程度，按照一定的间距进行测斜，然后根据测斜的数据采用一定的数学模式，计算出各测点的空间坐标，绘出图形，与设计轨迹进行对比。

轨迹设计一般采用平均角法。平均角法又称角平均法。假设测段为一直线，其方向的顶角和方位角分别为上、下两测点的平均顶角和平均方位角。

定向钻进轨迹计算常用均角全距法、全角半距法及最小曲率法。其计算方法如式(3-1)～式(3-3)所示：

$$x = \Delta L \cdot \sin\left(\frac{\theta_1 + \theta_2}{2}\right) \cdot \cos\left(\frac{\alpha_1 + \alpha_2}{2}\right) \tag{3-1}$$

$$y = \Delta L \cdot \sin\left(\frac{\theta_1 + \theta_2}{2}\right) \cdot \sin\left(\frac{\alpha_1 + \alpha_2}{2}\right) \tag{3-2}$$

$$z = \Delta L \cdot \cos\left(\frac{\theta_1 + \theta_2}{2}\right) \tag{3-3}$$

式中，θ、α 分别为顶角和方位角。

为方便现场计算，便于实时调整钻具高边工具面和钻进参数，以及采用定向钻进与复合钻进交替进行，通过虚拟仪器 LabVIEW 软件编程，研发一套定向测量软件，便于精确控制钻孔轨迹。在软件中输入顶角、方位角的增量，即可得到钻孔 x、y、z 的增量，以及钻进轨迹。定向轨迹计算软件界面如图 3-1 所示。

井深 (m)	顶角 (°)	方位角 (°)	工具面角 (°)	造斜率 (°/m)	水平位移 (m)	沿线坐标 (m)	离线坐标 (m)	N坐标 (m)	E坐标 (m)	X计算值 (m)	Y计算值 (m)	垂深 (m)	垂深2 (m)
0.00	0.00	165.35	0.00	0.00	0.00	0.00	0.00	0.00	0.00	0.00	0.00	0.00	9.08
30	0.28	21.11	-51.53	0.02	0.07	0.02	-0.07	0.07	0.03	0.02	-0.07	30.00	39.08
60	0.24	8.74	-54.53	0.00	0.21	-0.10	-0.14	0.20	0.06	-0.10	-0.14	60.00	69.08
90	0.21	15.51	41.55	0.00	0.33	-0.22	-0.19	0.31	0.09	-0.20	-0.19	90.00	99.08
120	0.23	30.79	71.18	0.00	0.44	-0.29	-0.26	0.42	0.13	-0.29	-0.26	120.00	129.08
150	0.21	41.32	63.68	0.00	0.56	-0.37	-0.35	0.51	0.20	-0.36	-0.35	150.00	159.08
180	0.21	52.6	90.00	0.00	0.66	-0.42	-0.45	0.59	0.28	-0.42	-0.44	180.00	189.08
210	0.21	53.62	90.00	0.00	0.77	-0.46	-0.55	0.65	0.37	-0.46	-0.55	210.00	219.08
240	0.21	54.97	90.00	0.00	0.88	-0.50	-0.65	0.72	0.46	-0.50	-0.65	240.00	249.08
270	0.45	50.37	-6.30	0.01	1.06	-0.57	-0.81	0.82	0.59	-0.56	-0.81	270.00	279.07
300	0.7	45.45	-11.17	0.01	1.36	-0.70	-1.08	1.03	0.81	-0.70	-1.08	300.00	309.07
330	0.73	49.38	58.54	0.00	1.73	-0.88	-1.41	1.28	1.09	-0.88	-1.41	329.99	339.07
360	0.78	55.46	58.03	0.00	2.13	-1.03	-1.77	1.52	1.40	-1.03	-1.77	359.99	369.07
390	0.81	56.11	16.73	0.00	2.54	-1.17	-2.16	1.75	1.75	-1.17	-2.16	399.99	399.07
420	0.85	57.41	25.21	0.00	2.98	-1.31	-2.58	1.99	2.11	-1.31	-2.57	419.99	429.06
450	0.83	67	81.90	0.00	3.42	-1.41	-3.00	2.20	2.50	-1.41	-3.00	449.98	459.06
480	0.81	74.68	79.69	0.00	3.84	-1.44	-3.43	2.34	2.90	-1.44	-3.43	479.98	489.06
510	0.75	82.53	60.69	0.00	4.25	-1.42	-3.84	2.42	3.30	-1.42	-3.83	509.98	519.05
540	0.65	94.99	56.70	0.01	4.62	-1.34	-4.20	2.43	3.67	-1.34	-4.19	539.97	549.05
570	0.77	97.52	14.64	0.00	4.99	-1.20	-4.54	2.39	4.03	-1.20	-4.54	569.97	579.05
600	0.83	102.44	48.86	0.00	5.41	-1.03	-4.93	2.32	4.45	-1.03	-4.92	599.97	609.05
630	1.09	107.52	18.13	0.01	5.91	-0.78	-5.36	2.41	4.93	-0.78	-5.35	629.96	639.04

图 3-1　定向轨迹计算软件界面

然后是待钻地层因素分析。由于地质特性会对井眼的轨迹产生一定的影响，应当在钻井前对待钻地层的地质特点进行深入全面的分析，结合相关的数据来预测钻孔的轨迹方向。最后是近钻头钻具组合受力分析。这一过程需要从地层结构、钻孔轨迹的形状、钻头的组合方式等方面进行综合考虑，构建一定的数学模型进行井眼的延伸方向预测。

3. 定向钻进轨迹预测方法

1）外推法

外推法是根据目前的井眼轨迹发展变化规律和趋势预测未知井眼轨迹的方法，主要适用于井内钻具组合没有更换、钻进方式和条件没有改变时井眼轨迹预测。主要方法有自然参数曲线外推法、斜面圆弧外推法、圆柱螺线外推法、恒装置角曲线外推法。

（1）自然参数曲线外推法：认定已钻井眼的轨迹变化规律是井斜变化率和方位变化率均保持常数，并且这种趋势还将保持下去。主要适用于存在方位漂移（在钻进过程中，由于种种因素，方位发生自然变化）井段的井眼轨迹预测。

第一步：计算顶角变化率和方位角变化率。

分别计算出最近 1～3 个测段内顶角变化率和方位角变化率，然后取其算术平均值作为预测用的井斜及方位变化率。

$$K_{\alpha i} = \frac{\Delta \alpha_i}{L_i - L_{i-1}}, K_{\varphi i} = \frac{\Delta \varphi_i}{L_i - L_{i-1}} \tag{3-4}$$

$$K_{\alpha} = \frac{1}{m} \sum_{i=1}^{m} K_{\alpha i}, m = 1, 2, 3 \tag{3-5}$$

$$K_{\varphi} = \frac{1}{m} \sum_{i=1}^{m} K_{\varphi i}, m = 1, 2, 3 \tag{3-6}$$

式中，α 为顶角；φ 为方位角；$K_{\alpha i}$、$K_{\varphi i}$ 分别为一个测段的顶角变化率和方位角变化率；K_{α}、K_{φ} 分别为几个测段的顶角变化率和方位角变化率的算术平均值。

第二步：根据顶角变化率和方位角变化率预测钻孔轨迹。

$$L_j = L_b + \Delta L_j; \alpha_j = \alpha_b + K_{\alpha} \Delta L_j; \varphi_j = \varphi_b + K_{\varphi} \Delta L_j \tag{3-7}$$

$$H_j = H_b + \frac{\sin \alpha_j - \sin \alpha_b}{K_{\alpha}} \tag{3-8}$$

$$S_j = S_b + \frac{\cos \alpha_b - \cos \alpha_j}{K_{\alpha}} \tag{3-9}$$

$$N_j = N_b + \frac{\cos(\alpha_b + \varphi_b) - \cos(\alpha_j + \varphi_j)}{2(K_{\alpha} + K_{\varphi})} + \frac{\cos(\alpha_b - \varphi_b) - \cos(\alpha_j - \varphi_j)}{2(K_{\alpha} - K_{\varphi})} \tag{3-10}$$

$$E_j = E_b + \frac{\sin(\alpha_j - \varphi_j) - \sin(\alpha_b - \varphi_b)}{2(K_{\alpha} - K_{\varphi})} + \frac{\sin(\alpha_j + \varphi_j) - \sin(\alpha_b - \varphi_b)}{2(K_{\alpha} + K_{\varphi})} \tag{3-11}$$

式中，b 为当前孔底；j 为预测点；ΔL_j 为预测点到当前孔底的距离；H 为垂直深度（简称垂深），是指轨迹上某点至孔口所在水平面的距离；S 为水平位移（简称平移），指井眼轨迹某点至孔口所在铅垂线的距离，或指轨迹上某点至井口的距离在水平面上的投影，此投影线称为平移方位线。

　　N 坐标和 E 坐标是指井眼轨迹上某点在以井口为原点的水平面坐标系里的坐标值。南北坐标轴，以正北方向为正方向；东西坐标轴，以正东方向为正方向。

　　(2)斜面圆弧外推法：认为已钻井眼的轨迹是一斜平面上的圆弧线，并且将来的轨道仍然在该斜平面圆弧上。斜面圆弧外推法主要适用于保持造斜工具面不变时动力钻具定向钻进井段的井眼轨迹预测。斜面圆弧外推法的关键是获取斜面圆弧的曲率及其法线矢量和在曲率和法线矢量确定后如何预测轨道。

　　自然参数曲线、圆柱螺线和斜面圆弧都是三自由度曲线，当给定曲线的两个特征参数和曲线段长后，就可以计算出预测点各参数。

　　自然参数曲线和圆柱螺线的两个特征参数分别为 K_α、K_φ 和 K_H、K_A，且特征参数在曲线的任意点上均保持不变，所以可以用平均法求其特征参数。斜面圆弧的两个特征参数是圆弧的曲率 K 和斜平面对应的装置角 ω，与前面两种曲线不同的是圆弧的特征参数 ω 在斜面圆弧的不同位置处是不一样的，这就使得无法用平均法求其特征参数。

　　虽然斜面圆弧的特征参数 ω 在斜面圆弧的不同位置处是不一样的，但斜面圆弧的斜平面法线矢量却是不变的，因此，我们以斜面圆弧的单位法线矢量和曲率作为其两个特征参数，通过计算最近 1～3 个测段内曲率 K 和单位法线矢量 $\boldsymbol{e}_n$，然后取其平均值作为预测用的 K 和 $\boldsymbol{e}_n$。

　　如图 3-2 所示，点 1 是斜面圆弧的上端点，其顶角为 α_1；点 2 是斜面圆弧的下端点，其顶角为 α_2。此段圆弧的狗腿度为 γ，曲率半径为 R。

$$\cos\gamma = \cos\alpha_1\cos\alpha_2 + \sin\alpha_1\sin\alpha_2\cos\Delta\varphi \tag{3-12}$$

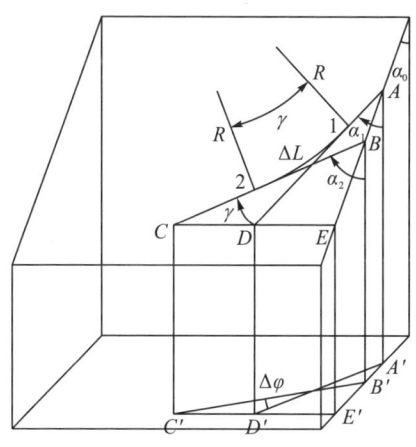

图 3-2　斜面圆弧基本特性

　　第一步：计算斜面圆弧的曲率 K 和单位法线矢量 $\boldsymbol{e}_n$。

$$\Delta\gamma_i = \sec\left(\cos\alpha_{i-1}\cos\alpha_i + \sin\alpha_{i-1}\sin\alpha_i\cos\Delta\varphi_i\right) \tag{3-13}$$

$$K_i = \frac{\Delta \gamma_i}{L_i - L_{i-1}} \tag{3-14}$$

$$\boldsymbol{e}_{ni} = \frac{1}{\sin \Delta \gamma_i} \left[\boldsymbol{e}_{t(i-1)} - \boldsymbol{e}_{ti} \right] \tag{3-15}$$

$$K = \frac{1}{m} \sum_{i=1}^{m} K_i, \ m = 1, \ 2, \ 3 \tag{3-16}$$

$$\boldsymbol{e}_n = \frac{\displaystyle\sum_{i=1}^{m} \boldsymbol{e}_{ni}}{\left| \displaystyle\sum_{i=1}^{m} \boldsymbol{e}_{ni} \right|}, \ m = 1, \ 2, \ 3 \tag{3-17}$$

式中，$\Delta \gamma_i$ 为一个测段的狗腿度；K_i 为一个测段的曲率；K 为几个测段的平均曲率；$\boldsymbol{e}_{t(i-1)}$、$\boldsymbol{e}_{ti}$ 分别为该测段上端点和下端点的单位法线矢量；$\boldsymbol{e}_{ni}$ 为一个测段的单位法向矢量；$\boldsymbol{e}_n$ 为几个测段的平均单位法向矢量。

第二步：根据 K 和单位法线矢量 $\boldsymbol{e}_n$ 预测钻孔轨迹。

①计算预测点的方向单位矢量 $\boldsymbol{e}_j$。

$$\boldsymbol{e}_j = \cos \Delta \gamma_j \cdot \boldsymbol{e}_b + \sin \Delta \gamma_j \cdot \boldsymbol{e}_{br} \tag{3-18}$$

其中，$\Delta \gamma_j = K \cdot \Delta L_j$；$\boldsymbol{e}_{br} = \boldsymbol{e} \times \boldsymbol{e}_b$。

②根据 K 和单位法线矢量 $\boldsymbol{e}_n$ 预测钻孔轨迹。

当预测点 j 点处 $\boldsymbol{e}_n$ 确定后，就可以计算出预测点处的顶角 α_j 和方位角 φ_j。

令
$$\boldsymbol{e}_j = x_1 \boldsymbol{e}_H + x_2 \boldsymbol{e}_N + x_3 \boldsymbol{e}_E \tag{3-19}$$

则
$$\alpha_j = \arccos x_1 \tag{3-20}$$

$$\varphi_j = \begin{cases} \arctan \dfrac{x_3}{x_2}, & x_2 > 0 \\[3mm] \arctan \dfrac{x_3}{x_2} + \pi, & x_2 < 0 \end{cases} \tag{3-21}$$

确定预测点处的顶角 α_j 和方位角 φ_j 后，就可以计算其他参数。

$$L_j = L_b + \Delta L_j; \ \Delta \gamma_j = K \cdot \Delta L_j \tag{3-22}$$

$$H_j = H_b + \frac{\tan \dfrac{\Delta \gamma_j}{2}(\cos \alpha_b + \cos \alpha_j)}{K} \tag{3-23}$$

$$S_j = S_b + \frac{\tan \dfrac{\Delta \gamma_j}{2}(\sin \alpha_b + \sin \alpha_j)}{K} \cdot \frac{\Delta \gamma_j}{2 \cdot \tan \dfrac{\Delta \gamma_j}{2}} \tag{3-24}$$

$$N_j = N_b + \frac{\tan \dfrac{\Delta \gamma_j}{2} \cdot (\sin \alpha_b \cos \varphi_b + \sin \alpha_j \cos \varphi_j)}{K} \tag{3-25}$$

$$E_j = E_b + \frac{\tan\dfrac{\Delta\gamma_j}{2} \cdot (\sin\alpha_b \sin\varphi_b + \sin\alpha_j \sin\varphi_j)}{K} \tag{3-26}$$

2)计算工具造斜率的预测方法

工具造斜率是指某种工具钻出的钻孔曲率大小，工具造斜率分析准确有利于钻孔轨迹的预测和控制。目前，有代表性的预测方法有测斜数据反算法、三点定圆法(three point geometry)和平衡曲率法(balance curvature)。

(1)测斜数据反算法就是根据实钻轨迹数据反算出工具的造斜率，得到的造斜率只能用于具有相同底部钻具组合且钻进方式和条件基本不变的钻孔轨迹预测。利用测斜数据反算工具造斜率与斜面圆弧外推法求钻孔曲率的方法是一样的。

测斜数据反算法只是反算工具造斜率，在不同的装置角下，其预测的钻孔轨迹就不一样。这点与斜面圆弧或恒装置角外推法是不同的。

(2)三点定圆法是由美国 H. Karisson 等于 1985 年提出的一种计算带有双稳定器单弯壳体动力钻具组合造斜率的方法。他们认为，钻头和两个稳定器这三点肯定与下井壁相接触，由于不共线的三点可以确定一个圆弧，因此这三点确定的圆弧的曲率就是实际钻孔的曲率。三点定圆示意如图 3-3 所示。

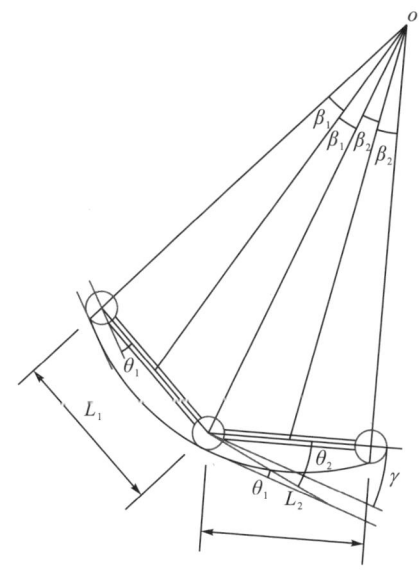

图 3-3　三点定圆示意

设单弯壳动力钻具的弯角为 θ_2，第一个稳定器到钻头的距离为 L_2，第二个稳定器到第一个稳定器的距离为 L_1，则

$$\begin{cases} \dfrac{L_1}{2\sin\beta_1} = \dfrac{L_2}{2\sin\beta_2} = R \\ \beta_1 + \beta_2 = \theta_2 \end{cases} \tag{3-27}$$

β_1、β_2 和 θ_2 都是小角度，即

$$R = \frac{L_1 + L_2}{2\theta_2} \tag{3-28}$$

缺点：①只能用于带有双稳定器单弯壳体动力钻具组合造斜率的计算；②未考虑钻柱受力及变形对工具造斜率的影响；③未考虑钻孔扩大对工具造斜率的影响。

(3)平衡曲率法是美国 M. Birades 和 R. Fenoul 首先提出的一种计算任意底部钻具组合造斜率的方法。他们认为对于任意一套底部钻具组合，在将其放入一定曲率的钻孔中时，钻头侧向力要么为 0，要么指向井眼轴线内法线方向或外法线方向，只要钻头侧向力不为 0，井眼曲率就要变化，最后都会趋向于使钻头侧向力为 0 的一个钻孔曲率而稳定下来。平衡曲率法就是以钻头侧向力为 0 时的井眼曲率作为工具的造斜率(白家祉和苏义脑，1990)。

平衡曲率法的关键是计算一定曲率井眼中的钻头侧向力；钻头侧向力的计算涉及非常复杂的底部钻具组合受力及变形分析，很难得到一个解析的表达式；可以采用非线性有限元法进行求解，或简化为纵横弯曲梁进行分析。

3)给定工具造斜率的钻孔轨迹预测方法

在工具造斜率已知的条件下，定向钻进的方法不同，得到的井眼轨迹是不同的。保持造斜工具面不变得到的是一条斜面圆弧，保持装置角不变得到的是恒装置角曲线。因此，在工具造斜率已知的条件下，可以利用斜面圆弧预测法和恒装置角曲线预测法两种方法进行井眼轨迹的预测。

(1)斜面圆弧预测法。

图 3-4 中，b 点为当前点，j 点为预测点，o 点为预测圆弧段的圆心，R 为圆弧段的半径，γ_j 为预测段狗腿度，ω 为装置角；1 方向为当前点的钻孔方向，2 方向为当前点的高边方向，3 方向与 1、2 方向垂直。

1、2、3 方向的单位矢量分别为

$$\boldsymbol{e}_1 = \cos\alpha_b \boldsymbol{e}_H + \sin\alpha_b \cos\varphi_b \boldsymbol{e}_N + \sin\alpha_b \sin\varphi_b \boldsymbol{e}_E \tag{3-29}$$

$$\boldsymbol{e}_2 = -\sin\alpha_b \boldsymbol{e}_H + \cos\alpha_b \cos\varphi_b \boldsymbol{e}_N + \cos\alpha_b \sin\varphi_b \boldsymbol{e}_E \tag{3-30}$$

$$\boldsymbol{e}_3 = -\sin\varphi_b \boldsymbol{e}_N + \cos\varphi_b \boldsymbol{e}_E \tag{3-31}$$

j 点方向的单位矢量表示为

$$\boldsymbol{e}_j = \cos\Delta\gamma_j \boldsymbol{e}_1 + \sin\Delta\gamma_j \cos\omega \boldsymbol{e}_2 + \sin\Delta\gamma_j \sin\omega \boldsymbol{e}_3 \tag{3-32}$$

j 点方向的单位矢量还可以由 j 点顶角和方位角表示：

$$\boldsymbol{e}_j = \cos\alpha_j \boldsymbol{e}_H + \sin\alpha_j \cos\varphi_j \boldsymbol{e}_N + \sin\alpha_j \sin\varphi_j \boldsymbol{e}_E \tag{3-33}$$

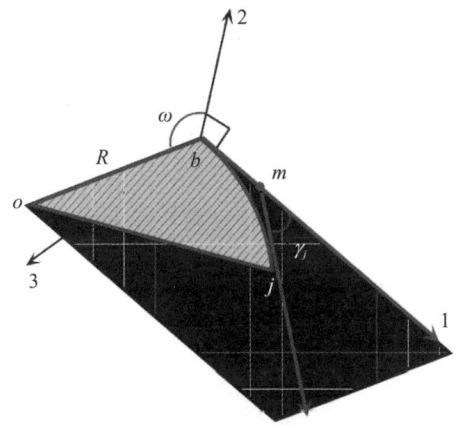

图 3-4　斜面圆弧及相关参数

两种方法计算的 j 点方向的单位矢量在垂深方向分量相等，所以：

$$\alpha_j = \arccos(\cos\alpha_b \cos\Delta\gamma_j - \sin\alpha_b \sin\Delta\gamma_j \cos\omega) \qquad (3\text{-}34)$$

由 Lubinski（卢宾斯基）狗腿度公式知：

$$\cos\Delta\gamma_j = \cos\alpha_b \cos\alpha_j + \sin\alpha_b \sin\alpha_j \cos\Delta\varphi_j \qquad (3\text{-}35)$$

$$\cos\Delta\varphi_j = \frac{\cos\Delta\gamma_j - \cos\alpha_b \cos\alpha_j}{\sin\alpha_b \sin\alpha_j} \qquad (3\text{-}36)$$

$$\varphi_j = \varphi_b + \operatorname{sgn}\omega \cdot \arccos\left(\frac{\cos\Delta\gamma_j - \cos\alpha_b \cos\alpha_j}{\sin\alpha_b \sin\alpha_j}\right) \qquad (3\text{-}37)$$

则预测钻孔轨迹：

$$L_j = L_b + \Delta L_j; \Delta\gamma_j = K \cdot \Delta L_j \qquad (3\text{-}38)$$

$$H_j = H_b + \frac{\tan\dfrac{\Delta\gamma_j}{2}\left(\cos\alpha_b + \cos\alpha_j\right)}{K} \qquad (3\text{-}39)$$

$$S_j = S_b + \left[\frac{\tan\dfrac{\Delta\gamma_j}{2}\left(\sin\alpha_b + \sin\alpha_j\right)}{K}\right] \cdot \frac{\Delta\gamma_j}{2 \cdot \tan\dfrac{\Delta\gamma_j}{2}} \qquad (3\text{-}40)$$

$$N_j = N_b + \frac{\tan\dfrac{\Delta\gamma_j}{2}\left(\sin\alpha_b \cos\varphi_b + \sin\alpha_j \cos\varphi_j\right)}{K} \qquad (3\text{-}41)$$

$$E_j = E_b + \frac{\tan\dfrac{\Delta\gamma_j}{2}\left(\sin\alpha_b \sin\varphi_b + \sin\alpha_j \sin\varphi_j\right)}{K} \qquad (3\text{-}42)$$

（2）恒装置角曲线预测法。

预测钻孔轨迹：

$$L_j = L_b + \Delta L_j \tag{3-43}$$

$$\alpha_j = \alpha_b + K\cos\omega \cdot \Delta L_j \tag{3-44}$$

$$\varphi_j = \varphi_b + \tan\omega \cdot \ln\left(\frac{\tan\dfrac{\alpha_j}{2}}{\tan\dfrac{\alpha_b}{2}}\right) \tag{3-45}$$

$$H_j = H_b + \frac{\left(\sin\alpha_j - \sin\alpha_b\right)}{K\cos\omega} \tag{3-46}$$

$$S_j = S_b + \frac{\left(\cos\alpha_b - \cos\alpha_j\right)}{K\cos\omega} \tag{3-47}$$

$$N_j = N_b + \int_{\alpha_b}^{\alpha_j} \sin\alpha \cdot \cos\left[\varphi_b + \tan\omega\ln\left(\frac{\tan\dfrac{\alpha}{2}}{\tan\dfrac{\alpha_b}{2}}\right)\right] \cdot \frac{1}{K\cos\omega} \cdot d\alpha \tag{3-48}$$

$$E_j = E_b + \int_{\alpha_b}^{\alpha_j} \sin\alpha \cdot \sin\left[\varphi_b + \tan\omega\ln\left(\frac{\tan\dfrac{\alpha}{2}}{\tan\dfrac{\alpha_b}{2}}\right)\right] \cdot \frac{1}{K\cos\omega} \cdot d\alpha \tag{3-49}$$

3.2 钻孔轨迹预测模型

钻孔轨迹的形成是非常复杂的，它受到众多因素的影响，主要有钻头力的大小和方向、钻头偏转角及装置角(相对于井眼轴线)、钻头切削的各向异性及地层的倾角、倾向及其不均质性和各向异性。井眼轨迹预测的外推法未考虑以上因素，它通过相似原理来预测，因此它的适用范围有限(一是要有已钻的轨迹数据，另一个是要有相似条件)；平衡曲率法是预测工具造斜率较好的方法之一，但它没有考虑地层的影响，而且只能计算钻头侧向力为 0 时的曲率(即平衡曲率)，而预测井眼轨迹需要知道工具在任意时候的曲率，钻头与地层相互作用模型就是基于这种需要提出来的。

钻头与地层相互作用模型主要有钻头轴向切削地层模型(李子丰等，1995)、轨道参数计算模型(李静等，2011)等。

1. 钻头轴向切削地层模型(三维钻速方程)

坐标系定义：

(1)钻孔底部坐标系 *oxyz*：原点 *o* 取在钻头处；*z* 轴沿钻孔轴线，指向钻柱上部，单位矢量为 e_3；x 轴垂直于 z 轴，指向钻孔底边，单位矢量为 e_1；y 轴由右手法则确定，单位矢量为 e_2。

（2）钻头轴线坐标系 $ox_by_bz_b$：在该坐标系中，z_b 轴沿钻柱变形后的切线方向指向钻柱上部，单位矢量为 f_3；x_b 轴垂直于 z_b 轴，指向钻孔底边，单位矢量为 f_1；y_b 轴按右手法则确定，单位矢量为 f_2。

（3）地层坐标系 $ox_iy_iz_i$：在该坐标系中，z_i 轴沿地层法线方向指向上方，单位矢量为 g_3；x_i 轴沿地层倾向向下，单位矢量为 g_1；y_i 与地层走向线重合，并与 z_i、x_i 呈右手关系，单位矢量为 g_2。

按地层各向异性和钻头各向异性的定义，通过严格的力学和数学处理，求得各向异性钻头与正交各向异性地层相互作用的三维钻速方程如式（3-50）所示：

$$\begin{Bmatrix} V_x \\ V_y \\ V_z \end{Bmatrix} = D_a \lfloor GE \rfloor [IF][FG][IB][MX][EF] \begin{Bmatrix} S_{x1} \\ S_{y1} \\ -B_1 \end{Bmatrix} \tag{3-50}$$

式中，$[IF]=\begin{bmatrix} I_{qx} & 0 & 0 \\ 0 & I_{zx} & 0 \\ 0 & 0 & 1 \end{bmatrix}$，为地层各向异性指数矩阵；$[IB]=\begin{bmatrix} I_b & 0 & 0 \\ 0 & I_b & 0 \\ 0 & 0 & 1 \end{bmatrix}$，为钻头各向异性指数矩阵；$[MX]=\begin{bmatrix} 1-\Delta s & 0 & 0 \\ 0 & 1-\Delta s & 0 \\ 0 & 0 & 1-\Delta p \end{bmatrix}$，为钻头的门限压力矩阵；$[EF]$ 为井眼坐标系到钻头轴线坐标系的坐标变换矩阵；$[FG]$ 为钻头轴线坐标系到地层坐标系的坐标变换矩阵；$[GE]$ 为地层坐标系到井眼坐标系的坐标变换矩阵；$EF_{jk}=e_j \cdot f_k$；$FG_{jk}=f_j \cdot g_k$；$GE_{jk}=g_j \cdot e_k (j,k=1,2,3)$；$e_1=-\cos\alpha \cdot \cos\varphi_i - \cos\alpha \sin\varphi_j + \sin\alpha_k$；$e_2=-\sin\varphi_i + \cos\varphi_j$；$e_3=-\sin\alpha \cos\varphi_i - \sin\alpha \sin\varphi_j - \cos\alpha_k$；$f_1=-\cos(\alpha+\theta_x) \cos(\varphi-\theta_y)i - \cos(\alpha+\theta_x)\sin(\varphi-\theta_y)j + \sin(\alpha+\theta_x)k$（$\theta_x$、$\theta_y$ 为钻头分别偏向 x、y 轴的角）；$f_2=-\sin(\varphi-\theta_y)i + \cos(\varphi-\theta_y)j$；$f_3=-\sin(\alpha+\theta_x)\cos(\varphi-\theta_y)i - \sin(\alpha+\theta_x)\sin(\varphi-\theta_y)j - \cos(\alpha+\theta_x)k$；$g_1=\sin\gamma\cos\beta_i + \sin\gamma\sin\beta_j - \cos\gamma_k$；$g_2=\sin\beta_i - \cos\beta_j$；

$g_3=\cos\gamma\cos\beta_i + \cos\gamma\sin\beta_j + \sin\gamma_k$；$\quad \Delta s=\begin{cases} \dfrac{M_{xc}}{\sqrt{S_{x1}^2+S_{y1}^2}} & \sqrt{S_{x1}^2+S_{y1}^2} > M_{xc} \\ 1 & \sqrt{S_{x1}^2+S_{y1}^2} \leqslant M_{xc} \end{cases}$；$\quad \Delta p=$

$\begin{cases} \dfrac{M_{xp}}{B_1} & (B_1 > M_{xp}) \\ 1 & (B_1 \leqslant M_{xp}) \end{cases}$；$D_a$ 为轴向钻进效率；I_b 为钻头各向异性指数；I_{qx}、I_{zx} 为地层沿倾向、走向的各向异性指数；α 为井斜角；φ 为方位角；β 为地层下倾方位角；γ 为地层倾角。

预测轨迹：

从井眼形成过程来看，除个别拐点外，井眼是光滑的，根据坐标系取法，横向钻速为0。设某预测点的井深为 d_m，井斜角为 α_m，方位角为 φ_m，则它们应满足式 (3-51)：

$$V_x^2(d_m, \alpha_m, \varphi_m) + V_y^2(d_m, \alpha_m, \varphi_m) = 0 \tag{3-51}$$

上述理论在某水平井获得了成功的应用：计算的井斜角与实测的井斜角相当接近，误差小于 1°/100m；在大斜度井段和水平井段，计算的方位角与实测的方位角相当接近，误差小于 1°/100m；在小斜度井段则误差较大。

2. 轨道参数计算模型

选取坐标系，如图 3-5 所示。

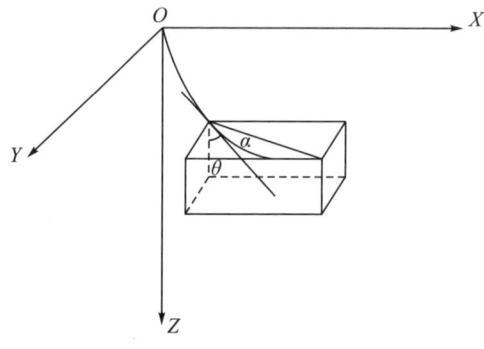

图 3-5　钻孔轨迹

原点 O：取在钻孔开孔点位置；

X 轴：与正北方向一致；

Y 轴：与 X 轴在同一水平面内，以 X 轴顺时针旋转 90° 为正；

Z 轴：垂直于 X 轴和 Y 轴所确定的平面，正向铅垂向下。

钻进过程中利用测斜仪测量得到一系列点的偏斜参数 $(s_i, \theta_i, \alpha_i)$，$i=0,1,2,\cdots,n$（其中 s 为孔深，视为钻孔轨迹曲线长度；θ 为顶角；α 为方位角）。通过这 $n+1$ 个点的空间曲线处处连续可导，用参数方程描述：

$$\begin{cases} x = x(s) \\ y = y(s) \\ z = z(s) \end{cases} \tag{3-52}$$

设 $x(s)$、$y(s)$ 和 $z(s)$ 为多项式函数：

$$\begin{cases} x = x(s) = a_{n+1}s^{n+1} + a_n s^n + a_{n-1}s^{n-1} + \cdots + a_1 s \\ y = y(s) = b_{n+1}s^{n+1} + b_n s^n + b_{n-1}s^{n-1} + \cdots + b_1 s \\ z = z(s) = c_{n+1}s^{n+1} + c_n s^n + c_{n-1}s^{n-1} + \cdots + c_1 s \end{cases} \tag{3-53}$$

空间曲线任一点切向量为
$$\{x'(s_i),\ y'(s_i),\ z'(s_i)\} = (\sin\theta_i \cdot \cos\alpha_i, \sin\theta_i \cdot \sin\alpha_i, \cos\theta_i) \tag{3-54}$$

为求 $x(s)$，根据测斜参数建立方程组：
$$\begin{cases} x'(s_0) = (n+1)a_{n+1} \cdot s_0^n + na_n \cdot s_0^{n-1} + (n-1)a_{n-1} \cdot s_0^{n-1} + \cdots + 2a_2 \cdot s_0 + a_1 \\ x'(s_1) = (n+1)a_{n+1} \cdot s_1^n + na_n \cdot s_1^{n-1} + (n-1)a_{n-1} \cdot s_1^{n-1} + \cdots + 2a_2 \cdot s_1 + a_1 \\ \quad\vdots \\ x'(s_n) = (n+1)a_{n+1} \cdot s_n^n + na_n \cdot s_n^{n-1} + (n-1)a_{n-1} \cdot s_n^{n-1} + \cdots + 2a_2 \cdot s_n + a_1 \end{cases} \tag{3-55}$$

$n+1$ 个方程求解得到多项式函数 $x(s)$ 的 $n+1$ 个系数。为方便求解，写成矩阵形式：
$$\begin{bmatrix} (n+1)s_0^n & ns_0^{n-1} & \cdots & s_0 & 1 \\ (n+1)s_1^n & ns_1^{n-1} & \cdots & s_1 & 1 \\ \vdots & \vdots & & \vdots & \vdots \\ (n+1)s_n^n & ns_n^{n-1} & \cdots & s_n & 1 \end{bmatrix} \begin{bmatrix} a_{n+1} \\ a_n \\ \vdots \\ a_1 \end{bmatrix} = \begin{bmatrix} \sin\theta_0 & \cos\alpha_0 \\ \sin\theta_1 & \cos\alpha_1 \\ \vdots \\ \sin\theta_n & \cos\alpha_n \end{bmatrix} \tag{3-56}$$

同样可以求得 $y(s)$ 和 $z(s)$。各测点坐标为
$$\begin{cases} x_i = x(s_i) \\ y_i = y(s_i) \\ z_i = z(s_i) \end{cases} \tag{3-57}$$

即预测求得钻孔轨迹。

除上述模型之外，还有地层力计算模型、钻头侧向切削地层模型和下部钻具组合静力分析数学模型。

不过，钻头与地层相互作用模型预测钻孔轨迹也有一定的缺点：

(1)模型中有些参数无法准确得到，如地层各向异性系数、地层倾角和倾向、井眼直径等；

(2)模型中有些参数在钻进过程中是变化的，如钻头的性能等；

(3)某些分模型本身计算就有误差，如底部钻具组合受力及变形分析模型。

3.3　定向钻进轨迹控制方法

20 世纪，人们就发现了钻进过程中钻孔弯曲问题并逐渐认识到其危害，当所用的钻具组合柔性大、钻压高，或者初始井斜角较大时，井眼轨迹就很有可能偏离直线。如果钻柱相对柔性较大或受到过高的压缩载荷作用时，就很难钻成垂直孔。但是，即使钻具组合和钻进条件不发生改变，钻孔仍然有偏斜的趋势。这种现象主要归咎于所钻地层的特性。当钻遇层状岩层(如页岩到砂岩层)时，这种现象比钻遇均质石灰岩或块状砂岩时更为明显。对于地层倾角高、硬度大、扭曲厉害的地层，自

然造斜效应就更大。后来人们又发现不同类型的钻头钻出的钻孔也有不同的倾斜程度。归纳起来主要有两点：①钻柱力学方面，即下部钻具受压发生弯曲变形使钻头偏斜和在钻头上产生侧向力使钻孔轨迹发生弯曲。②钻头与岩石的相互作用方面，即所钻地层的倾斜、各向异性和非均质性使钻孔轨迹发生弯曲。

如果在钻进过程中实际钻孔未按照设计轨迹钻进，导致的钻孔偏斜过大则会使孔深发生误差，所取得的地质资料失真，从而造成勘探工作的失误。那么在钻进中就需要对钻孔轨迹进行实时监测，在提高孔身质量、保证准确钻达目标的前提下，提高钻进速度、降低钻井成本。从根本上说，钻孔倾斜控制就是要控制造斜率和方位变化率，以期得到合格的井斜角、方位角和孔底位移。

定向钻进工作是对定向孔钻孔轨迹设计的具体落实，是定向钻进施工的具体环节，也是定向钻孔施工效果好坏的重要影响因素。定向孔钻进过程中的轨迹控制措施从以下环节分别展开论述。

1. 造斜工具选择

1）造斜器

如图 3-6 所示，造斜作用是通过造斜器下部的钢质尖楔完成的。造斜钻进开始时钻头锁在造斜器的上部，首先将造斜器下到所需造斜深度时进行定向，使楔形面所对的方向为造斜方向(楔形面所对的方向又称为工具面)。造斜器定向以后施加一定的钻压，以使造斜器固定于井底，在钻头开始旋转时它不转动。再施以附加的钻压剪断连接钻铤与造斜器的销钉，转动钻头。造斜器强迫钻头在向下钻进的过程中沿着造斜器的楔形面向所需要的造斜方向逐渐偏斜。钻进至造斜器上部到达停止位置后起出造斜器，下入领眼和扩眼钻头钻进，将造斜井段井眼扩大到原来井眼尺寸，起钻下入常规钻进的下部钻具组合继续钻进。

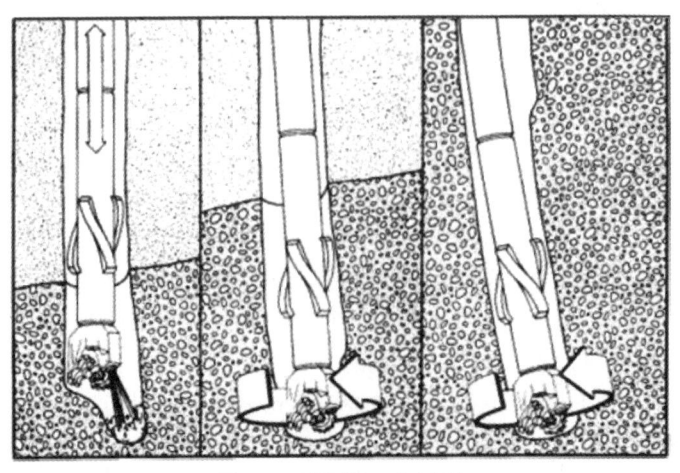

图 3-6　造斜器工作原理

2) 喷射钻头

如图 3-7 所示，带有一个喷嘴的钻头孔底定向，使喷嘴对准工具面。喷射时，钻井液的水力能量把井眼底部冲出一个口袋。钻具组合不旋转向前进入冲出的口袋 1～2m。开始旋转，继续进行常规钻进，直到达到 7～9m 深并进行测量以评价造斜效果。如果需要再改变轨迹，再把喷射组合定向，重复喷射程序，一直进行到符合要求的轨迹变化为止。

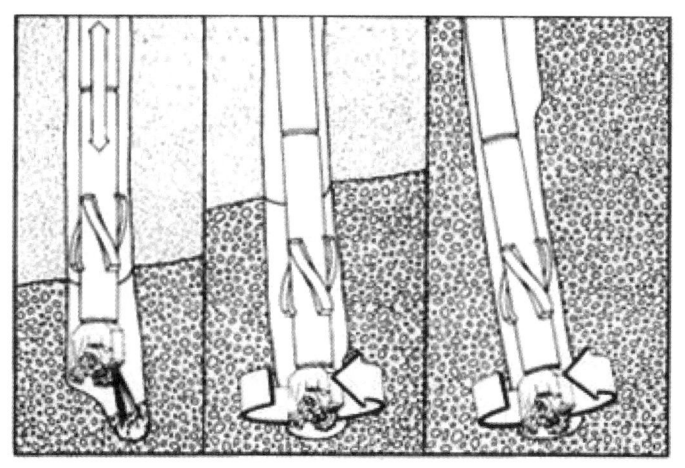

图 3-7　喷射钻头造斜原理

3) 螺杆钻具 (容积式液压马达)

如图 3-8 所示，根据以下步骤控制钻进轨迹：

(1) 设计水力参数使通过钻头的压力降不超过钻具规定的限度，在整个轨迹变化过程中，要提供足够的泵压和排量来驱动马达。选择具有足够功率的容积式液压马达，以转动适合已给系列地层和产生轨迹变化所需的那种尺寸和类型的钻头。

(2) 设计了马达、钻头和水力参数后，接着选择合适的弯接头 (根据轨迹变化的需要)。

(3) 把马达、钻头、弯接头和定向接头等钻具全下入孔内。

(4) 考虑马达的反扭矩，在启动马达之前，在地面定向，这时要上下活动钻柱，以减少钻杆和弯接头或弯壳体的静摩擦。

(5) 循环泥浆，把排量调整到所需要的数值，启动马达。

(6) 给进钻头，直到由立管压力或工具面指示器显示出反扭矩为止，这里包含着钻头和地层的相互作用。

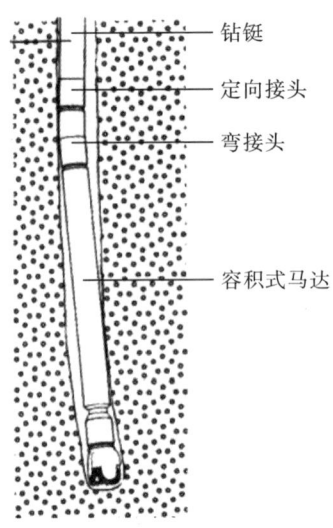

钻铤

定向接头

弯接头

容积式马达

图 3-8　螺杆钻具造斜

4）下部钻具组合

下部钻具组合是钻柱的一部分，它影响钻头的轨道，从而影响钻孔的轨道。下部钻具组合的结构可以是简单的，只包括钻头、钻铤和钻杆；也可以是复杂的，包括钻头、稳定器、无磁钻铤、减震器、钻铤、扩大器、震击器、接头、加重钻杆和普通钻杆等。

光钻铤组合（钻头加钻铤）、钟摆组合都可以用来控制孔斜。由于定向钻进的发展，多稳定器下部钻具组合用得更广泛，在钻进轨迹控制施工中，多稳定器组合显示是有效的。

所有的下部钻具组合在钻头上形成一个侧向力，这个力使钻头造斜、降斜、稳斜，以及向左或向右。钻头的造斜、稳斜或降斜的趋势主要根据钻头侧向力是正值、0 或负值。这种情况主要体现在硬地层中（钻速 0.3～3m/h）。下部钻具组合中各个稳定器及下部钻具组合和井壁接触的部分，对地层或套管都具有侧向力。有时候，这些力大得足以在套管上磨出一个洞、对地层进行机械研磨或切削，使得与井壁接触的钻杆和稳定器产生磨损。如果下部钻具组合中每个单元的物理性质是已知的，以及如果井眼的形状、尺寸及轨道是能够描述的，则对于一定的钻压和转速条件下的组合的力及位移是能够准确确定的。

钻头侧向力并不是唯一影响井斜和钻头方位的因素。在下部钻具组合的作用机理中，钻头倾斜是影响钻头方向及井斜的另一个因素，特别是对于软到中硬地层。地层越软，钻头倾斜控制钻头轨道的影响越大（地层越硬，则钻头侧向力的作用越突出）。弯外壳动力钻具的工作即基于"钻头倾斜"原理。对非常软的地层（钻速 3～30m/h），钻头侧向力又重新起主导作用。

使用下部钻具组合控制井眼轨迹的主要优点是旋转钻进，有利于井眼净化、减少钻柱滑动摩阻、节约钻井成本、减少井眼狗腿度等，而缺点是缺乏方位控制的能力。

2. 钻进参数的优选

(1) 钻速、钻压与转速的优选。通常情况下，随着钻速、钻压与转速的增加，井眼钻进速度也会增加，然而由于钻头磨损、起下钻等问题的客观存在，如何设计合理的钻速、钻压与转速，需要经过严格的理论计算。

(2) 水力参数的优选。水力参数也会对定向钻进效率产生一定影响，实际施工中除了要确定最大钻头水功率与最大射流冲击力以外，还要对泵排量、喷嘴直径等具体参数进行确定。

(3) 钻井液的影响。钻井液性能对定向钻进影响极大，其既起着挟带岩屑、清洗井眼的作用，又能平衡地层压力，还对钻头钻速有所影响，施工中务必全面考虑，进行优选。

3. 超长定向钻进难点及轨迹控制措施

1) 定向钻进难点

定向钻进技术是一项先进技术，但我国西部地区地层异常复杂，定向技术在工程勘察中应用较少，可借鉴的经验不多，存在诸多定向技术难题，需要开展针对性的研究。某隧道存在的主要问题包括高陡构造、涌水漏失严重、软硬不均等。

(1) 高陡构造。岩层倾角 50°～80°，局部接近垂直，钻孔轴夹角大多为 15°～28°，具有较强的自然造斜能力。

(2) 软硬不均。地层为硅灰岩、灰岩、花岗岩、碳质板岩及断层破碎带交互进行，换层频繁，岩层软硬不均，各向异性显著。

(3) 涌水、漏失严重。水平(仰斜)钻孔大多位于地下水位以下，涌水量压力高，涌水量达 $30\sim80\text{m}^3$；地层岩性为硅灰岩、灰岩，纵向裂隙发育，呈条带状和网状分布，岩心表面有溶蚀孔洞，漏失大多为长孔段失返性漏失，泥浆性能难以维护，孔壁容易失稳。

(4) 钻孔直径小。地质钻孔受钻机能力、地形地貌及成本限制，大多为小直径孔，定向钻孔直径为 $\varPhi76\text{mm}$、$\varPhi96\text{mm}$。

(5) 受控精度要求高。

2) 定向轨迹控制

(1) 仪器工具面角确定。

钻孔顶角<5°，采用磁工具面(MS)定向，仪器 MS 显示值=装合差+目标方位(F)+反扭角；钻孔顶角>5°，采用重力工具面(GHS)定向，仪器 GHS 显示值=装合差+安装角+反扭角。仪器角差置零。通过作图法和计算法调整工具面。

(2)钻孔空间位置计算。

钻孔造斜后，应及时测斜，然后根据测斜数据采用一定数学模式，计算出各测点的空间坐标，以便动态掌握钻孔空间位置变化趋势，与设计轨迹进行对比，实时调整高边工具面控制钻孔轨迹。

目前地质找矿常采用均角全距法和全角半距法，这两种计算方法误差较小，与实际钻孔形态基本吻合。钻孔的计算采用均角全距法。可采用 Compass 定向软件进行轨迹计算与预测。

(3)高陡构造控制措施。

高陡构造地层与普通地层相比，定向钻进时顶角上升较快。定向钻进时，通过不断对称变化高边工具面角，降低造斜强度。

根据地层自然造斜规律，一般情况下顶角会上漂，定向轨迹控制时顶角预留2°左右，一方面可以减少定向段长度，节约定向钻进成本；另一方面利用地层自然造斜规律增斜，轨迹更加光滑，利于后续取心钻进。

(4)软硬不均、各向异性显著、裂隙发育地层控制措施。

螺杆马达与定向钻头优选。磁工面定向时，选用弯度较大的螺杆马达(1.25°)，而 0.75°螺杆在该地层钻进时方位控制上能力有限，主要是 0.75°螺杆的支撑区(图3-9)不能产生足够的支撑，螺杆钻具难以向需要的方向钻进；钻头选用直角面凹定向钻头，如图3-10所示，选用右边直角面凹定向钻头，而不能选用左边带锥度的钻头，保证定向时钻具稳定性。

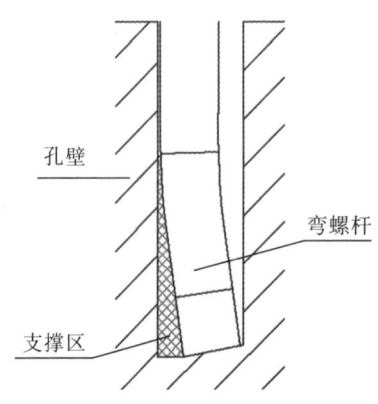

图 3-9　螺杆造斜示意图

图 3-10　四种定向钻头

因地层高陡构造、软硬不均等因素，为防止定向高边工具面的摆动，磁工面初始定向时，严格控制钻进速度为 0.3～0.5m/s。

定向钻进时精准控制高边工具面角，精度控制在 5°以内，保证工具面的相对稳定，反复调整不容易获得稳定的造斜率，确保定向方位精度。

(5)漏失层定向钻进措施。

地层漏失较小时，向泥浆中添加随钻堵漏剂，如 PCC、GDJ-4、锯末及防塌润滑剂等，考虑定向钻进螺杆马达堵塞问题，未加桥接剂 HTK。漏失较大时，孔口不返水，以 FA367 两性离子聚合物为主的无固相泥浆顶漏定向钻进。

3.4　定向勘探模式构建

西部山区铁路沿线地形高差大、隧道长、埋深大，沿线隧道顶部地形陡峻，交通条件极差，竖向深孔勘探实施极其困难。构造极其发育，高陡构造，竖向钻探难以揭穿陡倾岩层构造，采用超长定向钻探技术能够克服地形困难，查明陡倾岩层地质结构，并在深孔井内开展相关原位测试工作，获取最准确最直观的地质参数信息，揭露隧道洞身地质情况，突破过去垂直孔"点"勘察转为定向孔"线"勘察，并有机结合垂直孔、上仰孔、下斜孔、多支孔，进而实现"立体"勘察，从而减少搬迁，保护生态，提高勘察效率，为隧道施工提出合理建议。在实际钻探过程中总结出水平钻进台效，为隧道施工超前水平钻探深度提出合理建议。

西部山区铁路根据地形地貌、地质构造、地层岩性产状、查明隧道洞身情况和地质勘察目的，构建铁路隧道超长水平定向钻探模式如图 3-11 所示。

名称	适用条件	示意图
沿隧道轴线水平定向钻孔	隧道埋深大，山顶上不去或上山困难，隧道进出口可布置机位	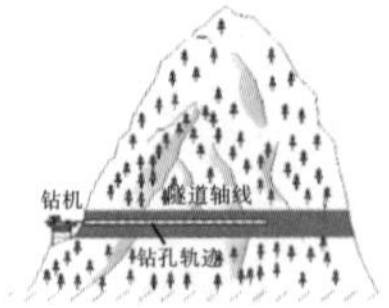
垂直隧道轴线水平定向钻孔	隧道埋深大、超长，山顶上不去或上山困难，隧道一侧地形可布置机位	
上仰定向孔	受地形条件限制，可布置机台位置低于隧道靶点位置	
下斜定向孔	适宜机位位于隧址斜上方	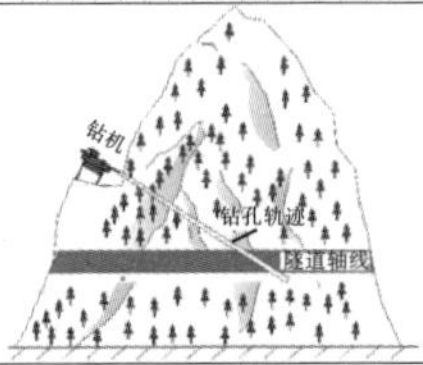
一孔多支	隧址上方局部可布置机位，利用一个孔位实现多点定向钻探	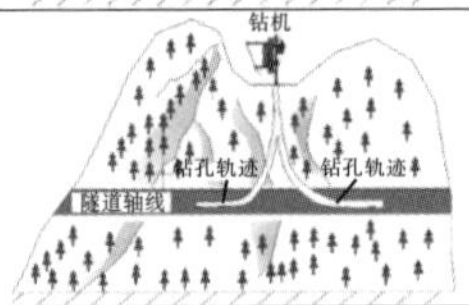

图 3-11　铁路隧道超长水平定向钻探模式

第4章　定向钻探装备与器具

为攻克复杂艰险山区重大工程长大深埋隧道勘察与生态环境保护的矛盾难题，研发长行程、大扭矩全液压动力头式小倾角钻探装备，实现长距离绳索取心钻进；研发小直径水平绳索取心随钻定向钻进器具，解决绳索取心钻孔偏斜问题，可实现随钻定向纠斜钻进；研发金刚石取心钻头，可实现高效钻进；研发涌水分离导流装置和配套器具，实现生态友好型勘察。超长定向钻探装备与器具的研发是一个不断创新和实践的过程，需要在工程实践中不断应用和改进完善。

4.1　长行程、大扭矩全液压动力头式小倾角钻探装备

国内外大多钻机适用于钻孔倾角为45°～90°，国外安百拓生产的Smart8水平取心钻机，其扭矩小、动力小且成本高；国内生产的水平绳索取心钻机主要有英格尔600型、西安探矿机械厂1200型、无锡锡钻600型等，一般钻孔设计能力没有超过1000m；中国煤炭科工集团研发了多种规格的水平钻机并进行应用，大多应用在地层单一、岩层较软的煤层中，转速较低，不取心。

因此，中国地质调查局探矿工艺研究所和中铁二院工程集团有限责任公司联合研发超长行程、大扭矩全液压动力头式小倾角钻探装备(GXD-5S)，创新设计自动升降平台和变幅机构，解决了钻探装备水平钻进稳定性难题，实现远程控制无级变速，最大水平钻进深度1500m(NQ)，关键技术指标达到国内领先水平，可满足高山峡谷区工程勘察水平钻探需求。这种具有小倾角钻进功能的履带式岩心钻机已授权实用新型专利(专利号：ZL202020720712.1)。

4.1.1　总体方案的设计研究

针对铁路勘察孔高效施工要求，钻机必须具备足够的动力，以处理在钻进断层、软弱夹层、破碎带、节理发育层可能出现的垮孔、卡钻和抱钻等孔内事故。对钻机总体方案反复论证，在现有成熟的履带式岩心钻机的基础上，通过整体式履带底车设计，对钻机各部件进行整体优化布局；采用模块化设计，便于运输及易损件的更换；设计时预留检修孔，便于钻机的日常维护。根据水平定向钻进对

钻机功能的要求,确定钻机由六大部分组成:动力机、履带行走机构、回转装置、给进机构、钻塔升降平台和液压传动系统。

动力头式水平钻机整体布置如图 4-1 所示。

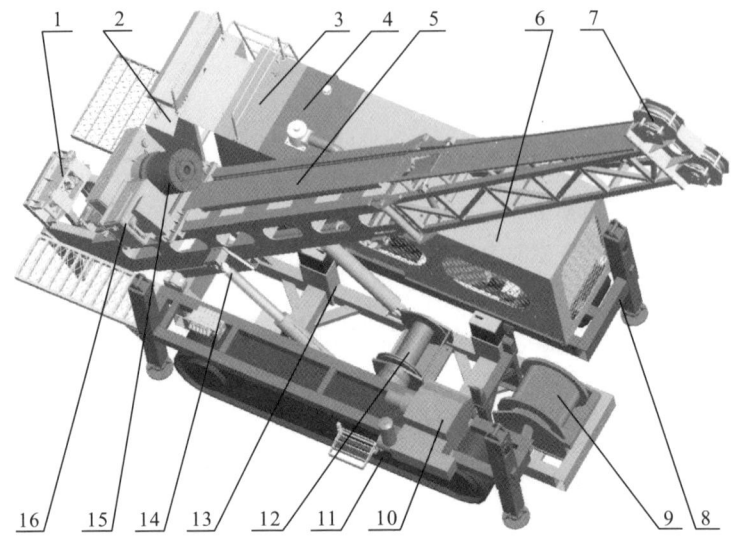

图 4-1 超千米水平钻机总体结构图(钻塔 45°倾角状态)

1-孔口夹持器;2-控制操作台;3-柴油箱;4-液压油箱;5-钻塔;6-动力站;7-天车;8-钻机平台;9-主卷扬;
10-泥浆泵;11-履带;12-副卷扬;13-钻塔升降平台;14-变幅机构;15-液压夹持器平台;16-动力头

GXD-5S 岩心钻机所有功能均为液压驱动,操作方便,控制精准,取心作业效率高,其主要技术参数见表 4-1。

表 4-1 GXD-5S 全液压钻机设计性能参数

技术项目	技术内容	技术参数
钻进能力	钻杆直径	BQ、NQ、HQ、PQ
	钻进深度	1800m、1500m、1200m、700m
液压系统	额定压力	28MPa
	冷却方式	风冷
动力站	型号	康明斯 6CTA8.4-240
	类型	涡轮增压
	额定功率	179kW
	额定转速	2200r/min
主卷扬	提升力	128kN
	提升速度	34m/min
	钢丝绳直径	24mm
	容绳量	45m

续表

技术项目	技术内容	技术参数
绳索取心卷扬	提升力	11kN(空线鼓)
	提升速度	110m/min(空线鼓)
	钢丝绳直径	6.6mm
	容绳量	1500m
桅杆	全长	10m
	钻进角度	-5°~90°
	滑移行程	1.1m
孔口夹持器	适用钻杆	BQ、NQ、HQ、PQ
行驶能力	最大爬坡角度	20°
	最大行驶速度	2km/h
动力	给进力	102kN
	提拔力	216kN
	给进行程	3.3m
整机总重量		小于 14t

注：钻进角度"-"为与水平线呈逆时针方向。

在岩心钻机水平钻进的过程中，功率需求较大的是回转处理孔内事故工况和快速起拔工况，回转处理孔内事故工况要求钻机在最大扭矩下旋转的同时能够进行给进或后退，而快速起拔工况则是动力头在最大起拔力的情况下以最大起拔速度进行快速起拔。因此对这两个工况分别做功率计算，再进行反推，算出柴油机所需功率，从而对柴油机进行选型。根据计算结果结合柴油机选型样本，考虑到处理钻孔事故和安全系数，选择大于计算结果的柴油机。

4.1.2 钻塔升降平台设计

现有的履带式岩心钻机钻塔水平放置状态时，动力头主轴离地过高，达到了2.4m，重心过高进行水平钻进，钻机受力情况非常差，无法保障施工安全。创新性地把钻塔、变幅机构及绞车集成在一个可升降的平台上，通过液压液缸的作用升降平台可相对履带行走机构上下移动，当行走时使平台底部升至与履带横梁同一高度保证钻机行走的通过性，当钻进时平台下降与地面有效接触。在钻进状态下钻机的稳定性大大加强，且动力头的高度下降有利于钻进工序的操作，避免高空作业。

升降平台与履带横梁上焊接的竖直矩管以矩形管滑轨方式连接，矩形管滑轨内安装升降油缸，矩形管滑轨和升降平台不可与动力站、液压油箱、柴油箱等部件的安装发生冲突，结构尺寸受到较大限制，因此采用二级伸缩油缸减小安装尺寸，在保证升降平台下降行程的同时，最大限度地减小钻机平台纵向尺寸，升降平台设计结构及其与履带行走机构安装示意如图 4-2 所示。

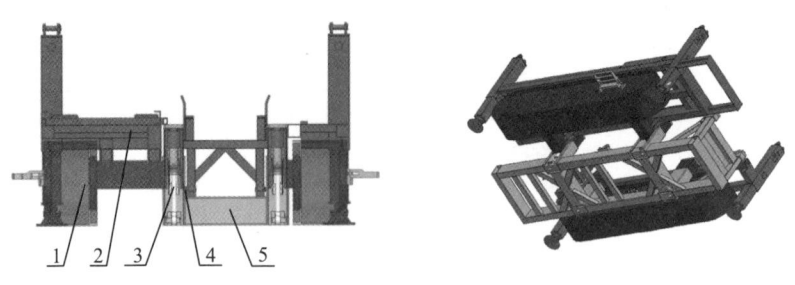

图 4-2   升降平台与履带行走机构

1-履带行走机构；2-钻机平台；3-二级升降油缸；4-矩形管滑轨；5-升降平台

4.1.3   变幅机构优化设计

铁路勘察孔设计钻孔倾角为 0°～90°，现有钻机钻塔小倾角状态时，钻塔垂直高度过高，操作不方便，有较大安全隐患，且钻塔无法有效触地，受力状态下钻机处于不稳定状态，无法保证施工安全。设计能满足钻孔倾角为 0°～90°的孔的变幅机构，最大限度地降低钻塔垂直高度，使钻塔小倾角状态能有效触地。直接的方式是把钻塔支撑座绞支轴孔高度降低，钻塔支撑座绞支轴孔较低时，钻塔起塔到 90°状态需要起塔油缸的行程非常长，导致起塔油缸整体安装尺寸非常长，无法安装。采用多级油缸作为起塔油缸能有效地解决行程与安装尺寸相矛盾的问题，图 4-3 为优化设计的变幅机构，由升降平台作为底座，其上安装钻塔支撑座，支撑座绞支连接钻塔托架，两根双作用二级伸缩液压油缸推动钻塔托架，起到调节钻塔倾斜角作用。

图 4-3   钻机变幅机构(单位：mm)

设计的升降平台与优化后的变幅机构组合使得钻塔水平放置姿态的距地高度最大限度的低，如图 4-4 所示，在进行水平孔钻进时动力头主轴距地高度为 1.607m，距钻工操作台高度为 0.877m。钻机、钻塔在处理复杂工况时的受力能有效地传至地面，钻机整体受力状态较好，具有较高的稳定性，且距操作平台的高度符合人体工学，工人操作方便、不费力。

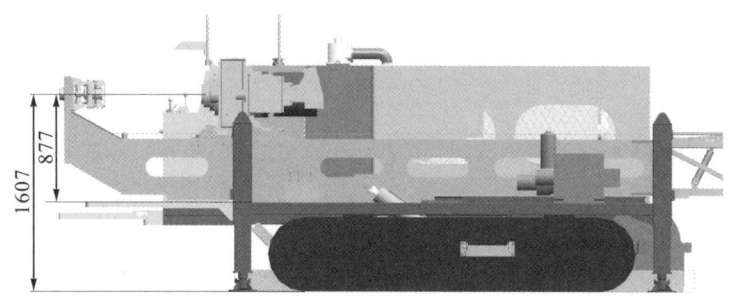

图 4-4　钻机水平工作姿态示意图(单位：mm)

4.1.4　动力头设计

通过对水平定向取心施工需求的分析,在现有成熟的岩心钻机的基础上,对钻机动力头进行反复论证。钻机必须具备足够的扭矩和通径,以处理在钻进复杂地层时可能出现的垮孔、卡钻和抱钻等孔内事故。动力头主要由液压马达、减速箱体、轴、齿轮、轴承、配油套、胶套卡盘和锁紧机构等零部件组成。主要作用是将液压能转化为机械能,输出旋转运动,实现钻具的旋转。

液压马达的动力经减速箱两级齿轮减速(图 4-5)后带动中空主轴、液压卡盘和钻具旋转,输出转速和转矩。调节液压马达上的调速手轮可以实现无级调速。卡盘为液压夹紧,弹簧松开的胶套式结构,压力油经过箱体上的滤油器和主轴上的配油套进入卡盘,配油套的泄漏油经过减速箱回到油箱。减速器为二级直齿轮两挡滑移挂挡减速器,动力头传动示意图见图 4-6,传动路线：一挡,Z1－Z2－Z5－Z6－主轴;二挡,Z3－Z4－Z5－Z6－主轴。

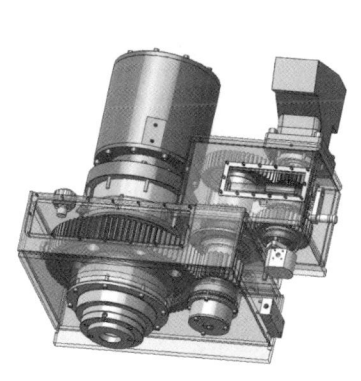

图 4-5　动力头三维示意图

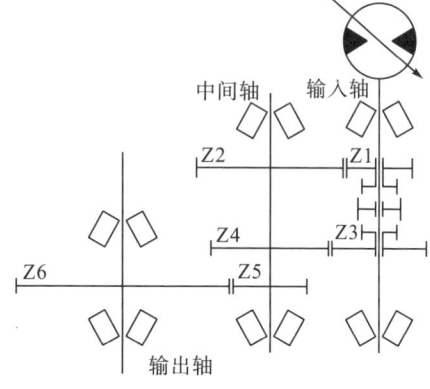

图 4-6　动力头传动示意图

　　采用有限元仿真分析方法对动力头关键零件进行受力分析、强度校核，如以动力头过渡小齿轮和大齿轮为例进行有限元分析。建立齿轮的实体几何模型，并进行单元格划分，见图4-7。在实际工况下，小齿轮驱动大齿轮，钻孔内阻力反向传递到大齿轮和主轴，因此为了模拟实际工况，固定大齿轮不动，在中心耦合点加6个自由度的全位移约束，约束过渡小齿轮中心耦合点除轴向转动自由度之外的5个自由度，释放轴向转动自由度，在中心耦合点加载输入扭矩，由于是接触分析，因此除了施加边界约束外，还需定义接触对，使大齿轮、小齿轮接触面建立接触条件，即低速小齿轮和低速大齿轮相啮合。进行应力分析可得分析结果，如图4-8～图4-10所示。

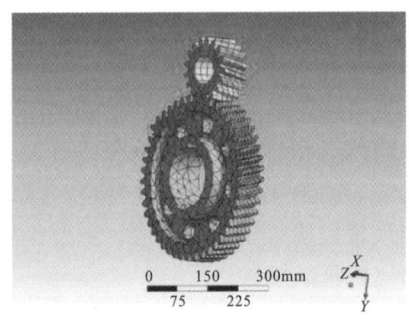

图4-7　齿轮网格区域划分图

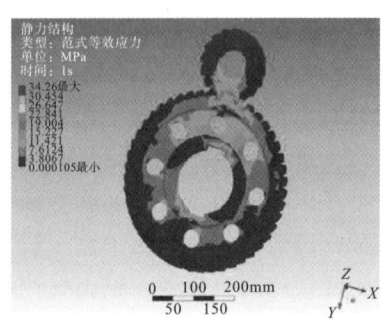

图4-8　低速齿轮啮合时冯·米塞斯应力云图

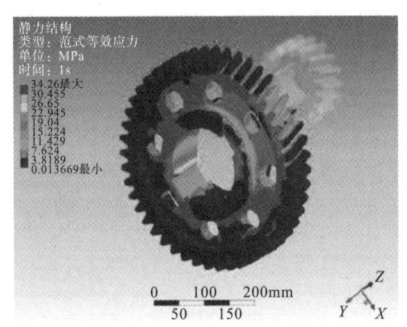

图4-9　大齿轮啮合时冯·米塞斯应力云图

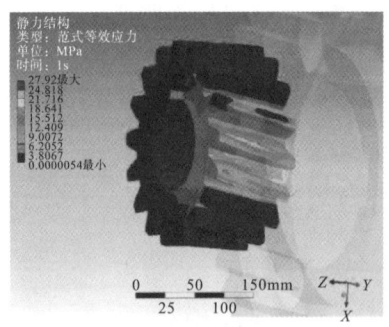

图4-10　过渡小齿轮啮合时冯·米塞斯应力云图

　　另外在钻机研发设计阶段采用有限元仿真分析方法对钻机其他关键零件和部件进行受力分析和校核，如对动力头主轴、动力头箱体、液压油缸和钻塔等零部件分析。

4.1.5　液压系统设计

随着钻机扭矩和功率的增大，能量损失相应增大，同时会增加系统发热、噪声和振动等，对液压系统乃至整个钻机造成不利影响。因此钻机液压系统采用负载敏感控制，采用压力反馈改变负载敏感变量泵的排量，进行流量控制，可以根据负载所需流量自动调节泵的流量输出，系统不存在大量多余的液压油的溢流情况，可以大量降低能量损失和系统发热。

液压系统主要分为五大部分：旋转控制系统、给进控制系统、卡盘与夹持器及刹车控制系统、履带车行走控制系统、支腿调平系统。根据工况特点，采用三个串联液压泵组，两组负载敏感多路阀，以及多组普通多路阀和液控手柄进行先导操作，通过控制先导油路，实现各种工况的切换。

1. 液压马达选型计算方法

液压马达是将液压能转化为机械能的能量转换装置，在液压系统中作为机构的执行元件来使用，经两级减速器将转矩传递到胶套卡盘所夹紧的钻杆上完成旋转动作。选择液压马达需考虑的因素较多，如转矩、转速、工作压力、排量、外形及连接尺寸、容积效率和总效率等。根据钻机设计参数，计算马达所需要提供的转速、扭矩，从而算出马达排量选择马达型号。

(1)计算马达输出扭矩 $T_{马达}$。

$$T_{马达} = \frac{T}{i \times \eta_{m齿轮箱}} \tag{4-1}$$

式中，T 为钻机输出扭矩；i 为减速箱传动比；$\eta_{m齿轮箱}$ 为齿轮箱传动效率。

考虑安全系数及马达寿命，马达的工作扭矩不得超过马达所能承受的最大扭矩的 80%，因此其最大扭矩应该大于计算结果。

(2)计算马达输出转速 $n_{马达}$。

$$n_{马达} = n \times i \tag{4-2}$$

式中，n 为钻机输出转速。

(3)计算马达排量 $V_{马达}$。

$$V_{马达} = \frac{T_{马达}}{0.16 \times \Delta P \times \eta_{总}} \tag{4-3}$$

式中，$T_{马达}$ 为马达输出扭矩；ΔP 为钻机工作压力；$\eta_{总}$ 为总效率，$\eta_{总} = \eta_{m马达} \times \eta_{v马达}$（$\eta_{m马达}$ 为马达的容积效率；$\eta_{v马达}$ 为马达的机械效率）。

(4)马达型号确定。

根据钻机工作压力和以上计算的结果进行液压马达的选择，如力士乐液压马达 A6V 系列、力源液压马达 ZB 系列、华德液压马达 HD-A6V 系列。综合各液压马达综合性能、价格及供货周期和可维护性进行选择。

2. 液压泵的选型计算方法

液压泵是能量转换装置，它是将原动机的机械能转换为液压能的能量转换装置。液压泵作为液压元件向液压系统提供具有压力和流量的流体，即液压能。在钻机液压系统中，大泵主要负责马达正、反转时的旋转回路的工作，两个小泵主要负责向泥浆泵、推进、夹持、卡盘松紧、履带行走及主机调倾角等机构提供高压液压油，完成各机构规定的动作。

（1）计算马达所需流量 Q_m。

$$Q_m = \frac{V_m \times n_m}{\eta_{mv}} \times 10^{-3} \qquad (4\text{-}4)$$

式中，V_m 为马达排量；n_m 为马达输出转速；η_{mv} 为马达容积效率，$\eta_{mv} = 0.85$。

（2）计算大泵排量 V_{b1}。

$$V_{b1} = \frac{Q_{m动力头}}{\eta_{v多路阀} \cdot \eta_{v大泵} \cdot n_{柴油机}} \qquad (4\text{-}5)$$

式中，$Q_{m动力头}$ 为动力头马达最大所需流量；$n_{柴油机}$ 为柴油机额定转速，$n_{柴油机} = 2200\text{r/min}$；$\eta_{v大泵}$ 为油泵容积效率，$\eta_{v大泵} = 0.85$；$\eta_{v多路阀}$ 为多路阀传输效率。

（3）小泵 1 排量 V_{b2} 计算。

①计算油缸所需流量 Q_G：

$$Q_G = 2 \times \frac{\pi \times D_1^2}{4} \times v \qquad (4\text{-}6)$$

式中，D_1^2 为油缸活塞直径，$D_1^2 = 0.125\text{m}$；v 为最大进给速度，$v = 15\text{m/min}$。

②计算小泵 1 所需排量 V_{b2}：

$$V_{b2} = \frac{Q_G}{\eta_{v油缸} \cdot \eta_{v多路阀} \cdot \eta_{v小泵1} \cdot n_{柴油机}} \qquad (4\text{-}7)$$

式中，$\eta_{v小泵1}$ 为小泵容积效率，$\eta_{v小泵1} = 0.85$。

（4）计算小泵 2 排量 V_{b3}。

$$V_{b3} = \frac{Q_{m泥浆泵}}{\eta_{v多路阀} \cdot \eta_{v小泵2} \cdot n_{柴油机}} \qquad (4\text{-}8)$$

式中，$Q_{m泥浆泵}$ 为泥浆泵马达最大所需流量；$\eta_{v小泵2}$ 为油泵容积效率，$\eta_{v小泵2} = 0.85$。

根据以上大泵、小泵的计算排量和液压系统原理图，结合马达选型样本对马达进行选用。

3. 液压系统发热计算方法

该液压系统属于负载敏感系统，整个系统没有溢流损失，而系统的能量损失主要在于容积效率方面的损失，因此系统的热量主要来源于泵和马达的泄漏流量损失。

油泵的泄漏流量造成的能量损失：$H_1 = \dfrac{\Delta p \cdot Q_b (1 - \eta_{v泵})}{60}$ (4-9)

液压马达泄漏流量造成的能量损失：$H_2 = \dfrac{\Delta p \cdot Q_b \cdot \eta_{v泵} (1 - \eta_{v马达})}{60}$ (4-10)

系统总的能量损失：$H = H_1 + H_2$ (4-11)

式中，Q_b 为泵输出流量。

4.1.6　钻机应用及效果

1. 钻机操作方法

1) 开机前准备

在启动钻机之前，应当进行下列检查：
(1) 每班工作之前检查发动机机油标尺，保持发动机机油高度位于正常水平；
(2) 每班工作之前检查发动机冷却液，保持发动机冷却液高度位于正常水平；
(3) 每班工作之前检查液压油箱液面，保持液压油液面在油标上油位；
(4) 每天加注卡盘润滑油脂；
(5) 在发动柴油机之前，应保证所有操控手柄和按键均在空载位置。

在进行了以上所有检查后，合上电瓶总开关(在电瓶箱旁)，启动发动机后，怠速运转 5～10min，在发动机温度上升至工作温度后(40℃以上)将手动油门调节到适宜转速位置开始作业。

推荐：柴油发动机转速在 1800～2200r/min，整个系统处在最佳工作状态。

2) 钻机就位顶角调整

操作钻机履带行走控制手柄将钻机移动到合适位置后，取下辅助多联操作阀护罩，操作多联操作阀的介入转换手柄，使平台升降油缸，桅杆滑移油缸，桅杆升降油缸处于工作状态，按以下操作步骤调整钻机，调整完毕后，将转换手柄回位，盖好操作阀护罩，避免钻进时引起误操作。

(1) 调节平台升降油缸，利用水平仪调节钻机主机水平，操作多联操作阀中四个平台升降控制手柄，即可实现主机的起升与下降。规定向前推为起升，向后拉为下降。操作手把时要缓慢进行，不可将手柄一下推、拉到底。下放主机触地调整成水平状态后操作手柄回归中位，锁死升降油缸，固定主机。

(2)举升桅杆,将桅杆升降手柄放置在"升起"位置,桅杆调至需要的角度(发动机转速约 1000r/min)。举升及落下桅杆时现场不得少于两人,一人操作,另一人监护,特别应注意桅杆起落过程中桅杆与油管无挂碰。注意:桅杆升起过程中,在桅杆拉杆固定之前桅杆下禁止站人。

(3)桅杆角度调至设计孔斜角度后需要将桅杆向下滑移支撑地面。先将滑移机构上两边的四个压块螺栓拧松(从滑移机构底部看,由上往下数第1、6个螺栓),此时可操作滑移桅杆操作手柄,往前推为桅杆上升,往后拉为桅杆下降,将桅杆滑移到合适的位置后,将桅杆滑架上两边的压块螺栓拧紧。注意:桅杆的底部(前端)必须落在方木等坚硬的物体上。

3)钻机主机控制方法

钻机的主机是钻进过程中参与工作的部件,包括动力头、给进油缸、夹持器、卷扬机、主机机架等部件。

(1)动力头回转方向及速度控制,动力头回转速度控制阀控制动力头的转速和正反转,结合变速箱的两挡变速,根据孔内钻进情况选择不同的速度,手柄变动任意角度可调整转速大小。动力头回转时,应时刻注意检查变速箱润滑油循环观察窗,一旦发现润滑油循环停止必须立即停止动力头回转并进行检修。动力头换挡时必须停止回转,挂挡不顺畅时应用回转阀慢转一下再挂。动力头马达在高速状态下不宜直接停止回转,应先将动力头马达先由高速状态转为低速状态(拉出"回转速度"控制阀),再缓慢停止动力头回转。严禁将动力头由正转直接打到反转位置。

(2)卷扬功能及操作,钻进时主卷扬浮动阀应达到"浮动"位置。用主卷扬提下钻具时,必须配合使用孔口夹持器。提钻时应将夹持器操作手柄打到"松开"位置,下钻时应将夹持器阀打到"松开"位置,还应取下卡瓦。副卷扬功能及操作:副卷扬用于绳索取心岩心管的打捞,副卷扬速度较快,初次操作应格外小心,严禁用副卷扬提升钻具及其他重物。

(3)钻具称重,将慢速给进操作手柄放在"上升"位置,微调给进压力调节阀,使钻具提高孔底一定高度,再微调给进压力调节阀,使钻具由快至慢下降,当调到钻具刚能下降时,取减压钻进压力表所示临界值,然后调给进压力调节阀,使钻具上升,当调到刚能上升时,取钻进压力表的临界值,由于密封和孔内阻力,后者大于前者。

(4)加压钻进,将慢速给进操作手柄放在"下降"位置,给进油缸上腔进油,使动力头下降,速度通过给进控制手柄调节,加压钻进时,为了减少油缸下腔阻力,须将给进速度控制手柄完全打开,通过微动给进压力调节阀调节给进压力,观察孔底压力变化达到所需压力值为止,钻具自重钻进时,也须将给进速度控制手轮完全打开。先称重，再加压钻进，压力值为应加压值减钻具重量，即为钻机加压值。

（5）减压钻进，慢速给进操作手柄置于"提升"位，油缸下腔供油进行减压钻进，此时，给进速度控制手柄完全打开。先称重，再减压钻进，压力值应为应钻具重量减去减压值，即为钻机减压值。

（6）动力头浮动，在钻机用动力头和夹持器拧卸钻杆时，将慢速给进操作手柄放在"浮动"位置，使动力头在浮动状态。

（7）夹持器功能及操作，当需要扭卸钻杆时，将夹持器手柄置于"夹持"位置，使下钻杆夹紧，上钻杆可用扭卸和上紧；松开钻杆时，将夹持器置于松开位置；不工作时夹持器控制手柄处于中位。

2. 钻机试验

1）钻机厂区内试运行

GXD-5S 1500m 水平岩心钻机在 2020 年 6 月完成加工组装后，在厂区内进行了水平孔钻进试验（图 4-11），对钻机各项性能参数进行了核对。厂内试验水平钻进 1m，试验时对钻机各功能动作进行逐一试运行，钻进过程对钻机各挡输出转速进行了测试，对各项压力表数值进行了采集与分析，通过对样机的简单钻进试运行和分析取得的混凝土岩心情况，评定已完成样机的性能参数满足设计要求：

（1）钻机主平台升降运行平稳，钻机主体部件能有效触地；

（2）动力头最大输出转速能达到 800r/min（可调），最大输出扭矩能达到 5300N·m（低转速）；

（3）进给平稳，进给钻压调节方便、灵敏；

（4）小绞车（打捞绞车）能有序排绳，收放绳速度可无级调速；

（5）夹持卸扣器，夹紧牢固，可满足水平绳索取心钻进使用要求；

（6）履带行走正常；

（7）各紧固件安装牢固，未见松动。

图 4-11 GXD-5S 1500m 水平岩心钻机厂区内水平钻进试验

2）生产试验

为验证 GXD-5S 1500m 水平岩心钻机各项性能的可靠性、稳定性，使用该样机在某铁路隧道实施了定向试验孔的水平取心钻探工作（图4-12）。GXD-5S 1500m 水平岩心钻机作为主要设备，另外配套泥浆泵（BW300/16）、水平绳索取心钻具、绳索钻杆、钻头等其他设备和材料，进行水平孔绳索取心钻进作业。DZ-定向试验孔-01 设计孔深 1000～1500m，采用四开孔深结构：一开采用 Φ145mm 口径提钻取心钻进；二开采用 Φ122mm 口径绳索取心钻进；三开采用 Φ95.5mm 口径绳索取心钻进；四开采用 Φ75.5mm 口径绳索取心钻进。

图 4-12　GXD-5S 1500m 水平岩心钻机生产试验

钻机于 2020 年 7 月 10 日进场，移机至施工孔位调节钻进顶角和方位角后固定钻机，并于 7 月 26 日至 7 月 27 日对钻机的性能进行了初步试验，钻进 18m 后于 7 月 28 日开始进行施工场地规范化建设，同时对钻机暴露出的问题进行改进与优化。8 月 25 日恢复钻进，按设计孔深结构进行水平取心钻进作业，12 月 2 日钻进至 1212m 结束取心钻进工作，并配合起下测井仪器进行测井工作，于 12 月 15 日起拔完孔内所有钻杆、套管。

3）试验评价

厂区内的试验对 GXD-5S 1500m 水平岩心钻机样机的性能进行了调试和初步

验证，证明其出厂合格，具备进行生产施工的能力。

GXD-5S 1500m 水平岩心钻机样机的生产性试验于 2020 年 7 月 26 日开钻，12 月 2 日水平连续取心钻至孔深 1212m，扣除停工场地建设时间，钻进周期 2492h，试验实际台月效率为 350.29m。钻机样机工作时间 920h，其中纯钻时间 392.63h，平均机械钻速 3.09m/h，钻机故障维修时间 103.6h，钻机样机施工周期故障时间比 4.17%，样机的平均油耗为 17.2L/h（钻机一天工作 8～9h）。

生产试验的实际孔深结构：一开 Φ145mm 口径孔深 48m，二开 Φ122mm 口径孔深 588m，三开 Φ95.5mm 口径孔深 974m，四开 Φ75.5mm 口径孔深 1212m，其中 Φ122mm 口径和 Φ95.5mm 口径水平绳索取心深度在国内为第一。各口径钻至最深时样机的负荷处于较大值，钻机提供的回转扭矩和进给力的详细情况见表 4-2。

表 4-2　钻机对应各口径深度的负载情况

口径深度	Φ145mm 口径 /Φ139.7mm 钻杆	Φ122mm 口径 /Φ114mm 钻杆	Φ95.5mm 口径 /Φ89mm 钻杆	Φ75.5mm 口径 /Φ71mm 钻杆
深度/m	48	588	974	1212
钻杆重量/kg	1167	9520	12068	9360
回转扭矩/(N·m)	2236	3802	4026	3966
施转进给力/kN	38	46	54	52

试验为水平绳索取心钻进，且水平孔涌水严重无泥浆护壁和润滑，孔内情况复杂回转、进给摩擦系数多变，回转阻力较大，进给阻力不确定，很难从数值上确定孔底（钻头处）的钻压和回转参数，但从钻机各表示数值显示钻机工作正常，各口径最深孔深处时钻机还未达到满负荷运转。

生产试验表明，研制的 GXD-5S 1500m 水平岩心钻机各项性能参数达到了设计要求，且能很好地进行水平绳索取心钻进施工，性能稳定、运行平稳。

4.2　小直径水平绳索取心随钻定向钻进器具

高山峡谷地区铁路勘察沿线隧道顶部地形陡峻，山高坡陡，交通条件极差，竖向深孔勘探难以实施，因此，采用超深水平定向钻探技术能够克服地形困难，减少搬迁，保护生态，同时弥补陡倾岩层竖向钻探技术的缺点，改变过去垂直"点"勘察为"线"勘察，能够直接模拟施工阶段沿隧道洞身地质情况，提高勘察效率，为隧道施工提出合理建议。

　　绳索取心钻进技术可以实现不提大钻连续取心,台月效率高,孔壁扰动性小,劳动强度低。同时绳索钻杆重量轻,环空间隙小,泵量小,故配套的钻探设备和泥浆泵体积小,搬迁方便,适合于高山峡谷、交通不便等地区勘察。因此,铁路地质勘察超深水平定向孔常采用绳索取心钻进。

　　调查显示,目前地质钻探工作中易斜地层钻孔弯曲难以控制是主要的技术难题之一,在水平绳索取心定向钻中此问题尤其突出,其主要原因一是水平定向钻探钻具的回转轴线与自身重力方向不在一条直线上;二是钻遇地层破碎,软硬互层,钻进方向与岩层有夹角;三是开孔和钻机固定不好;四是孔口加压,地层坚硬,钻压大,易上漂;五是防斜保直钻进工艺不到位。

　　当水平绳索取心钻孔轨迹偏离设计轨迹较大时,不能满足设计要求,必须进行纠斜纠偏,纠斜的狗腿度不能太大,不能影响下一步的绳索取心钻进,因此必须采用水平随钻定向纠斜,钻杆采用绳索取心钻杆。目前国内实施的小直径的全孔水平定向钻进主要通过特制钻杆代替电缆传递孔底钻孔轨迹信号应用于煤炭井下瓦斯抽放孔和排水孔等,成本高、代价大,同时此类钻杆不能实现连续取心,满足不了地质钻探取心技术要求。采用无缆随钻定向,钻孔直径大,泵量大($\geqslant$10L/s),泵压高,设备重,无法在地质岩心钻探中应用。采用小直径弯螺杆马达/有线随钻定向钻进,定向精确、钻孔轨迹可控且可连续造斜,泵量小,泵量2~3L/s,能够满足Φ96mm、Φ76mm小直径随钻定向钻进需求,但如何配合绳索钻杆将定向器具水平投送到位、固定、定向和打捞回收,需要进一步研究。

　　因此,小直径(Φ96mm、Φ76mm)水平绳索取心定向钻进目前没有合适的定向钻进技术方法。团队开展小直径水平绳索取心有缆随钻定向仪器水平输送工具、到位报信、固定和打捞机构的研发,以及集成无磁钻杆、绳索钻杆、定向接头、螺杆马达等器具,解决小直径水平孔绳索取心定向钻进技术难题。同时利用同样的钻杆实现绳索取心钻进,满足地质需求。

4.2.1　水平随钻定向仪器输送机构研究

　　常规垂直孔钻进可以靠重力自由下放内管总成、打捞器和定向纠斜仪器。水平绳索随钻定向纠斜关键技术是如何将定向仪器、工具投送到孔底,定位是否可靠等问题,需开展水平随钻定向仪器输送固定工具的研究。

　　研发水平随钻定向仪器输送固定机构,其目的是在水平孔定向钻进时,保持原有水平取心钻具总成不变的情况下,实现有缆随钻定向仪的顺利投放、弹卡定位和打捞回收。

　　水平随钻定向仪器输送固定机构如图4-13所示,主要组成有铠装电缆固定接头、回收管、压缩弹簧、弹卡板、弹卡架、半球阀、橡胶密封阀、密封活塞、悬挂环等零件。

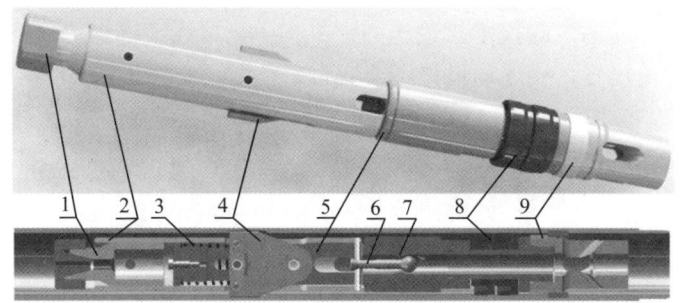

图 4-13　水平随钻定向仪器输送固定机构示意图

1-铠装电缆固定接头；2-回收管；3-压缩弹簧；4-弹卡板；5-弹卡架；6-半球阀，7-橡胶密封阀；8-密封活塞；
9-悬挂环

水平随钻定向仪器输送固定机构的工作原理是：把定向仪和输送固定机构放入绳索钻杆内，让其电缆穿过通缆水龙头；在通缆水龙头后面增加电缆密封油缸，密封电缆，建立密闭的压力空间；通过泥浆泵往钻杆内输入高压泥浆，由于密封活塞 8 的作用，以及半球阀 6 与橡胶密封阀 7 紧密贴合，钻杆内泥浆无法与井下泥浆液连通，于是在泥浆泵的作用下输送固定机构的上端形成高压腔，而下端相对是低压腔，进而形成了一定的压差；在压力的作用下，输送固定机构被送到孔底。输送工况时输送固定机构的各零件状态见图 4-14。

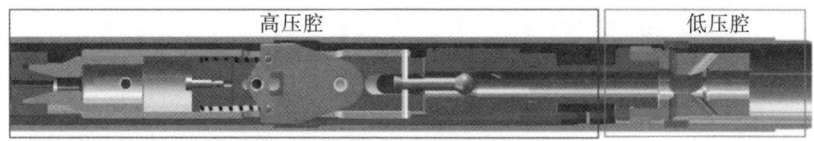

图 4-14　输送固定机构入井状态

当输送固定机构被泵送到位后，悬挂环与绳索钻杆内设台阶接触，输送固定机构将无法继续运动；高压腔的压力升高，当压力到达一定值时半球阀 6 会穿过橡胶密封阀 7，密封失效，钻杆内泥浆与井下泥浆液连通建立循环，同时弹卡板 4 到位张开，把定向仪固定在绳索钻杆内，进行定向钻进。定向钻进工况时输送固定机构的各零件状态见图 4-15。

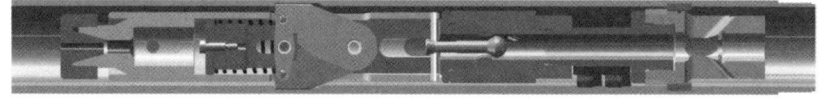

图 4-15　输送固定机构定向钻进状态

采用的有缆随钻定向技术，输送固定机构中设置线缆通道以便给下端定向仪提供电源和传输信号。线缆通道见图4-16。

图4-16　输送固定机构内线缆通道

根据小直径水平绳索定向输送机构图，采用无磁材料加工，研发生产Φ76mm、Φ96mm两种规格的水平绳索定向钻具输送机构各1套，满足小直径水平绳索定向需求，如图4-17所示。小直径水平绳索随钻定向输送机构已授权实用新型专利（专利号：ZL202020433904.4）。

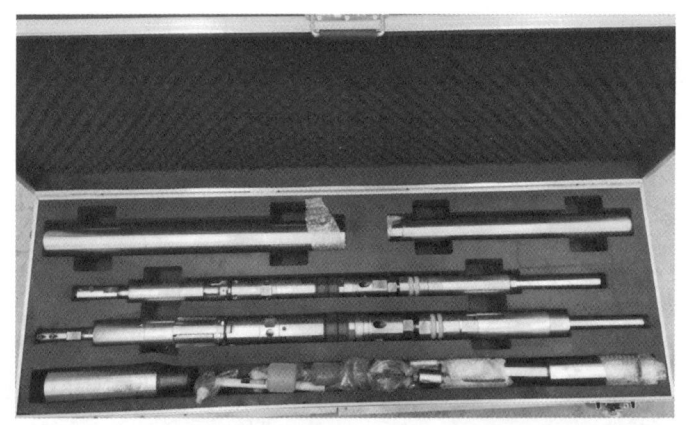

图4-17　水平绳索定向钻具输送机构

4.2.2　水平绳索定向器具创新集成

团队研发了水平绳索定向钻具输送、固定和打捞回收机构，集成小直径有缆定向仪器、Φ73mm和Φ89mm无磁钻杆、仪器固定限位机构、定向接头、螺杆马达和定向钻头，创新形成一套水平绳索定向钻进器具，如图4-18所示。

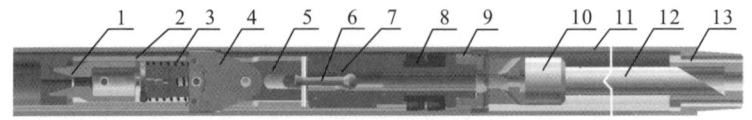

图4-18　水平绳索定向钻进器具

1-铠装电缆固定接头；2-回收管；3-压缩弹簧；4-弹卡板；5-弹卡架；6-半球阀；7-橡胶密封阀；8-密封活塞；
9-悬挂环；10-转换接头；11-无磁钻杆；12-定向仪；13-定向接头

定向仪器采用 LHE2000 有缆随钻测斜仪(MWD)，探管外径 ϕ35mm，该仪器操作简单、直观，有缆随钻测斜仪如图 4-19 所示，地面数据处理仪和司钻显示器如图 4-20 所示，均能随时直观清楚地判断孔底顶角、方位及工具面角，便于定向轨迹控制钻进。

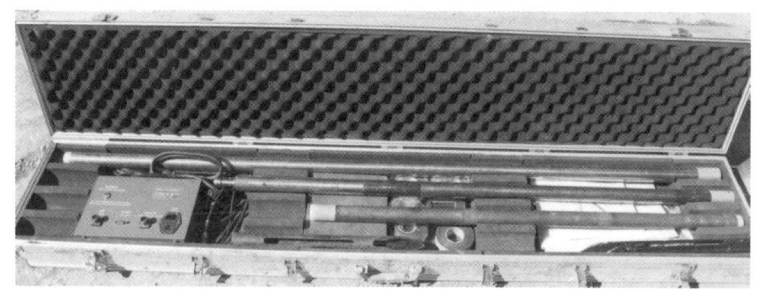

图 4-19　有缆随钻测斜仪

图 4-20　地面数据处理仪及司钻显示器

有缆随钻测斜仪连接在铠装电缆上，通过测井绞车将定向仪器送入无磁钻杆内，之后进行座键固定仪器，将孔底信号传输到地表。通过打压油泵和电缆密封装置(中空油缸)将信号电缆周围密封，防止泥浆流出。测井绞车及电缆密封装置如图 4-21 所示。

图 4-21　测井绞车及电缆密封装置

井下造斜工具选用Φ73mm、Φ60mm螺杆马达，弯外管度数为1.0°～1.25°，根据造斜强度和地层情况进行选择，同时配套定向接头、无磁钻铤，如图4-22所示。定向全面钻头有四种形式(图4-23)，根据定向的不同需求进行选择，主要有PDC和金刚石两种类型。

图4-22　井下造斜工具

图4-23　定向钻头四种形式

4.2.3　水平绳索随钻定向钻进工艺

钻孔轨迹计算采用平均角法，平均角法又称角平均法。假设测段为一直线，其方向的孔斜角和方位角分别为上、下两测点的平均孔斜角和平均方位角。为方便现场计算，便于实时调整钻具高边工具面和钻进参数，研发一套定向测量软件，便于精确控制钻孔轨迹。

定向钻具组合：Φ96mm PDC(金刚石)全面钻头＋5LZ73×7.0型弯螺杆＋定向接头＋Φ73mm无磁钻杆(内含MWD)＋变丝接头＋Φ71mm绳索钻杆＋89mm主动钻杆＋通缆水龙头，如图4-24所示。

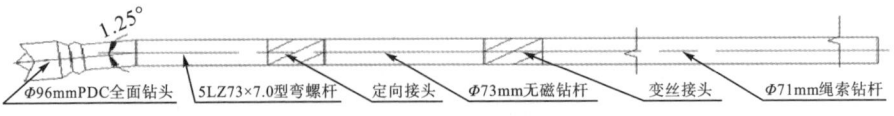

Φ96mmPDC全面钻头　　5LZ73×7.0型弯螺杆　　定向接头　　Φ73mm无磁钻杆　　变丝接头　　Φ71mm绳索钻杆

图4-24　定向钻具组合

　　组装调试仪器，置零仪器角差；组装钻具测量装合差；孔口试螺杆下钻；定向仪器座键；采用重力工具面定向钻进与小直径有缆随钻定向钻进工艺基本一致，这里不再赘述。

　　钻进工艺参数如下。钻压：钻具下到孔底，使用低钻压，正常进尺后，逐渐加大钻压，一般钻压为 5~20kN；泵量：3~5L/s；当造斜强度较大或进尺较慢时，采用定向钻进与复合钻进交替进行，复合钻进通过钻具回转减少摩擦阻力，消除狗腿度，降低造斜强度，保证定向钻进轨迹光滑。

4.2.4　定向钻进器具室内测试

　　研发加工生产的水平绳索定向钻具经过室内三轮测试，分别为水平绳索输送机构测试、配套无磁钻杆和定向接头测试及全配套测试(连接螺杆马达)，每次到位测试 20~30 次，测试指标及性能均达到了设计要求。

　　第一轮测试：主要测试水平绳索输送机构是否可行，测试结果可行可靠(图 4-25)。

图 4-25　水平绳索输送机构测试(第一轮)

　　第二轮测试：主要配套绳索钻杆、无磁钻杆、固定限位机构、定向仪器、电缆绞车和定向接头进行测试，测试定向仪器是否能顺利座键、固定和打捞回收，成功率达 95% 以上(图 4-26)。

图 4-26　配套无磁钻杆和定向接头测试(第二轮)

第三轮测试：全配套测试，在第二轮测试的基础上，连接绳索钻杆、无磁钻杆、固定限位机构、定向仪器、电缆绞车、定向接头、电缆密封装置和螺杆马达进行测试，测试定向仪器是否能顺利座键、固定和打捞回收，测试能否带动螺杆马达转动及压降大小，连接螺杆马达模拟孔内实际测试，泥浆泵为 BW300/16 泵，泵量 180～235L/min，泵压 3～3.5MPa，螺杆马达运行正常，达到孔内实际定向钻进要求(图 4-27)。

图 4-27　全配套测试(第三轮)

水平绳索定向钻进器具经过三轮测试，每次测试都会发现一些问题，均进行认真改进完善，现已基本成熟。

4.2.5　定向钻进器具野外应用示范

1. 试验基本情况

铁路隧道 DZ-DJ-1 水平钻孔设计定向钻孔倾角-12.30°(设定水平倾角为 0°)。由于地质条件复杂，岩层为花岗岩，且花岗岩中石英含量高，十分坚硬，钻进速度慢，孔口加压，导致钻孔偏斜，钻孔直径 96mm。根据测斜数据，水平钻孔顶角上漂，671m 测斜数据为-3.1°，已偏离设计顶角 9.2°，顶角上漂趋势一直在增加，孔口方位角 9.5°，孔底方位角 7.5°，方位角变化不大。钻孔实测轨迹如图 4-28 所示。根据上述数据，使用平均角法计算钻孔轨迹：

$$\Delta E_i = L_i \sin\theta_c \sin\alpha_c \tag{4-12}$$

$$\Delta N_i = L_i \sin\theta_c \cos\alpha_c \tag{4-13}$$

$$\Delta H_i = L_i \cos\theta_c \tag{4-14}$$

$$\theta_c = \frac{\theta_{i-1} + \theta_i}{2} \tag{4-15}$$

$$\alpha_c = \frac{\alpha_{i-1} + \alpha_i}{2} \tag{4-16}$$

经过计算，钻孔的实际轨迹为

$$\Delta E_i = -529.45\text{m}$$

$$\Delta N_i = 399.17\text{m}$$

$$\Delta H_i = 664.95\text{m}$$

对比钻孔设计轨迹，方位角减小，顶角增大，实际钻孔轨迹和设计钻孔轨迹有出入，钻孔偏斜程度较高，必须进行定向纠斜。

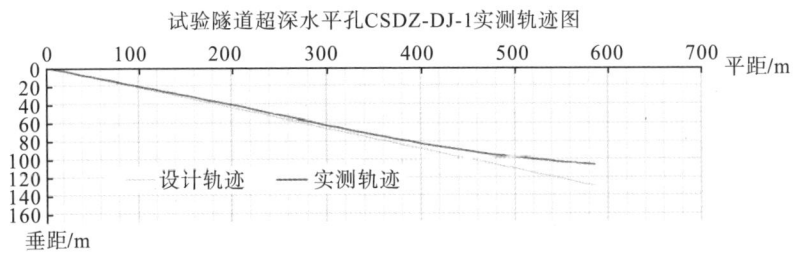

图 4-28　试验隧道水平孔实测轨迹

2. 定向纠斜设计

该钻孔定向纠斜主要降顶角，需采用螺杆马达/有缆随钻水平定向纠斜技术从孔底处开始随钻定向纠斜，螺杆马达采用 $\Phi73$mm 弯螺杆 (1.25°)，利用水平推送工具将有缆随钻定向仪器送至预定位置，进行随钻定向纠斜，顶角满足设计要求后，再采用绳索取心钻进。定向纠斜轨迹需平滑过渡，若纠斜过大，导致狗腿度较大，钻杆易断裂。定向纠斜目标：定向纠斜 30m，降顶角 3°～4°，抑制顶角上升趋势。

3. 定向纠斜过程

地面调试螺杆 (5LZ73×7.0)，弯螺杆度数为 1.25°，如图 4-29 所示，泥浆泵为 300/12 型，测量工具面角，下钻，分别在 280m、450m 和孔底 671m 开泵循环，

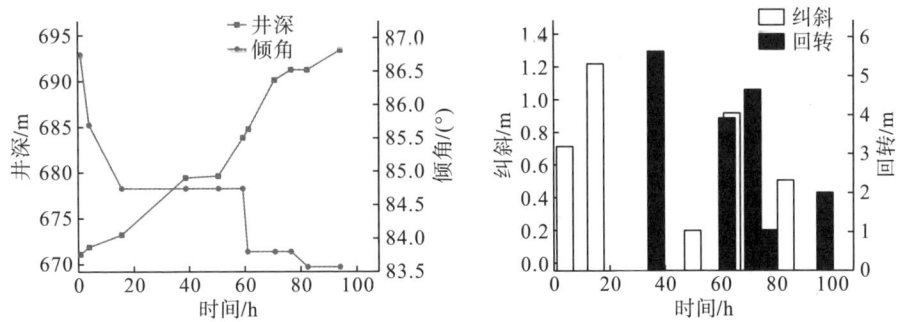

图 4-29　螺杆地面测试

一切正常。地面连接和调试仪器，仪器角差 249.3°，磁场强度 56.4A/m，投送仪器座键，三次座键，倾角 86.9°，方位 7.5°（设计方位 9°），座键成功，密封电缆，开始钻进。

定向钻进孔深 671m，Φ95.5mm 电镀钻头，定向钻进 1.94m 后，进尺缓慢，将定向仪器提出，实施复合钻进，进尺效果良好。后一直采用定向钻进与复合钻进交替进行。

4. 定向纠斜效果

采用定向钻进和复合钻进交替进行，在纯钻进时间内，共进尺 21m，其中钻孔定向纠斜 3.13m，复合钻进 18m，纠斜成功地控制钻孔上漂趋势，并降斜 3°，如图 4-30 所示，为后续顺利钻进打下了坚实的基础，完成了本次水平孔定向纠斜的目标任务。

图 4-30　钻孔纠斜过程

4.2.6　水平绳索随钻定向技术总结

（1）为解决水平绳索取心钻孔偏斜难题，研发了水平绳索取心随钻定向器具，攻克了水平绳索随钻定向仪器的推送、固定和打捞工艺，集成小直径有缆定向仪器、无磁钻杆、定向接头、螺杆马达等，创新形成一套水平绳索定向钻进器具与工艺，实现国内零的突破，并在艰险山区铁路水平孔成功定向纠斜，取得了良好的示范效果。

（2）小直径水平绳索取心定向钻进轨迹控制技术的突破，构建了艰险山区铁路地质勘察水平定向钻探新模式，解决了高原高寒高山峡谷地区垂直钻孔搬迁无法实现和混杂岩体陡倾岩层勘察难题，实现了"绿色勘察、线状勘察、精准勘察"。

4.3　金刚石取心钻头与钻具

4.3.1　金刚石取心钻头研制

1. 金刚石钻头胎体配方研制

在国内孕镶金刚石钻头的胎体配方研究中，663 青铜作为黏接剂最为经典，其代表配方为 63 号配方。在孕镶金刚石钻头的胎体配方中，按照各种金属成分所起的作用可分为：①骨架金属，如碳化钨、铸造碳化钨、钨等金属，其主要作用是增强胎体的强度和耐磨性；②黏接金属，主要为铜、锡、锌及其合金，如 CuSn10、663 青铜等；③性能调节金属，如镍、钴、锰、钛、铬及稀土等金属或合金。传统的胎体材料是通过将这三类金属粉末进行机械混合而形成。

胎体材料多为单元素金属粉，存在烧结活性差和烧结温度高等问题，但单质粉末价格低廉，若配方合理，也可以获得较好性能；预合金粉末具有流动性好、熔点低、易烧结、对金刚石具有良好的润湿和黏结性能等优点，但存在成本高、质量稳定性等不足。

因此，通过对单质粉末配方、Cu-Ni-Mn 合金胎体配方、铁基预合金粉末配方进行试验测试，为胎体配方设计提供依据。金刚石取心钻头胎体配方初步形成如下结论。

(1)单质粉末胎体性能是：随着 WC 含量升高，663 青铜含量降低，胎体的硬度和耐磨性升高；当 Ni、Co、Mn 质量分数均为 5%时，其对应的硬度和耐磨性均为所在组的最低值，是因为 WC 含量相同时，其 663 青铜含量最高。

(2)在 663 青铜含量不变的情况下，随着 WC 含量的降低，硬度的变化不大，耐磨性不一定降低，其中 Ni 和 Co 对胎体性能具有十分重要的作用。

(3)在 WC 和 663 青铜含量均不变的情况下，Ni 含量从 15%降到 10%，Co 含量从 5%升到 10%，胎体硬度随之提高，耐磨性有增有减；Ni 含量从 10%降到 5%，胎体耐磨性和硬度均降低。Ni 的含量宜在 5%～15%的范围内。

(4)在同等 WC 含量的条件下，Cu-Ni-Mn 黏结材料和 G4 铁基预合金粉的烧结成的胎体硬度均比青铜基配方高，其磨损率比青铜基配方的磨损率低，G4 铁基预合金粉的胎体硬度最高，耐磨性最好。

(5)不加骨架材料碳化钨的情况下，G4 铁基预合金粉末的胎体硬度值最大，磨损率在三者中为最低。

2. 金刚石钻头应用试验

为提高取心钻头机械钻速和使用寿命，铁路隧道超长水平定向钻探示范（DZ-定向试验-01），工程开展金刚石取心钻头与地层适应性研究，优选探矿工艺所、唐山金石和桂林箭山三个金刚石钻头生产厂家；钻头水口和切削齿形状为环形、锯齿形和尖齿形三种形状，增大钻头水口面积，减小切削面积；胎体硬度设计 10～15HRC、15～20HRC、20～25HRC、25～30HRC 和 30～35HRC 五个规格，金刚石胎体高度 8～10mm，金刚石胎体配方按照综合研究确定，金刚石粒度以粗颗粒为主，现场可根据地层情况进行金刚石取心钻头优选，找到一种适合该地层的高效长寿命绳索取心钻头。取心钻头多种规格如图 4-31 所示。

图 4-31　金刚石取心钻头

坚硬打滑地层：Φ122mm 取心钻进至 80.00～89.25m，进尺十分缓慢，每小时进尺 20～30cm，采用唐山金石金刚石钻头，胎体硬度为 30～35HRC，地层岩性为深灰—灰黑色砂质板岩（图 4-32），后提钻检查，钻头没有出刃，基本没有磨损，如图 4-33 所示。更换探矿工艺所研制的金刚石钻头，胎体硬度为 25～30HRC，进尺很快恢复。主要原因是钻头胎体硬度高，钻进时难以出刃。

图 4-32　深灰—灰黑色砂质板岩

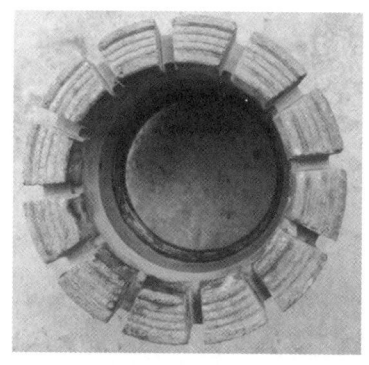

图 4-33 钻头使用前后对比

普通地层：通过取心钻头与地层适应性优选，胎体硬度一般为 20～25HRC，金刚石颗粒为中—粗颗粒，水口较大的取心钻头较好，取心钻头的寿命一般为 300～400m，机械钻速一般为 3～6m/h，大大减少绳索取心提大钻次数，维护孔壁稳定，提高钻进台月效率。

3. 超长水平定向孔绳索取心钻头规格

超长水平定向孔绳索取心钻孔结构一般采用四开钻进，一开建议采用 Φ145mm 取心钻头，二开建议采用 Φ122mm 绳索取心钻头，三开采用 Φ95.5mm 绳索取心钻头，四开采用 Φ75.5mm 绳索取心钻头。取心钻头与扩孔器规格尺寸见表 4-3。

表 4-3 各开次取心钻头与扩孔器参数列表

开次	钻头规格/mm	钻头尺寸/mm	扩孔器尺寸/mm
一开	145	Φ145×117.6	Φ145.5×124.5
二开	122	Φ122×84.5	Φ122.5×102.5
三开	95.5	Φ95.5×63.5	Φ96×78
四开	75.5	Φ75.5×47.6	Φ75.8×60

4.3.2 水平绳索取心钻杆钻具

1. 超长水平孔绳索取心高强度钻杆

水平(仰斜)孔钻进时，钻杆在自重的作用下，贴在孔壁上，回转时，摩擦阻力增大，当孔深相近时，水平(仰斜)孔钻杆承受的扭矩比垂直孔钻杆承受的扭矩要大得多，要求钻杆有更高的强度和耐磨性。针对这种情况，研制高强度绳索取心钻杆，如图 4-34 所示。

图 4-34 高强度绳索取心钻杆

其主要特点如下：

(1)钻杆采用整体热处理，钻杆疲劳强度高，密封性能好。

(2)采用双顶锥螺纹连接，螺纹拧紧时接触面积大，间隙小，螺纹受力均匀，传递扭矩大，密封性能好，而且具有自定心的特点，减少螺纹的拧卸磨损。

(3)水平(仰斜)孔钻进，为了方便钻具顺利在钻杆内壁进出，所以采用无接头的内平钻杆，钻杆内控必须光滑，便于内管顺利进出。

超千米定向孔一般采用四开次绳索取心钻进，一开采用 Φ145mm 取心钻进，二开采用 Φ122mm 绳索取心钻进，三开采用 Φ95.5mm 绳索取心钻进，四开采用 Φ75.5mm 绳索取心钻进。各开采用绳索钻杆参数如表4-4所示。

表 4-4 各开次钻杆参数列表

开次	钻杆规格	钻杆尺寸/mm	材质	备注
一开	PW	139.7×6.35×3000	ZT850	钻穿覆盖层
二开	PQ	114.3×6.1×3000	ZT850	—
三开	HQ	89×5.5×3000	ZT850	—
四开	NQ	71×5.2×3000	ZT850	—

2. 超长水平孔绳索取心钻具

在超长水平孔绳索取心定向钻孔钻进中，若采用常规的单、双管提钻取心钻进，每个回次都需要提钻和下钻，劳动强度大，钻进效率非常低，而且在提钻和下钻过程中，由于孔壁掉块，容易引起孔内事故，严重的还会引起钻孔报废。因此，通常使用绳索取心钻进技术来解决复杂地层钻进中的难题、减轻工人的劳动强度、提高岩矿心的采取率。

1) 水平(仰斜)绳索取心钻具组合

水平(仰斜)孔与垂直孔钻进用绳索取心钻具使用场合不一样，存在明显差别，垂直孔钻进可以靠重力自由下放内管总成和打捞器，水平(仰斜)孔钻进时内管总成和打捞器自由下放时可能很慢，甚至无法自由下放；另外垂直孔钻进时钻具的回转轴线与自身重力方向相同，受力情况较好，水平(仰斜)孔钻进钻具的回转轴线与自身重力方向交叉，受力情况明显较差。

与常规取心钻具的主要区别在于如何将内管投送到孔底，如图 4-35 所示，增加密封活塞 19，开泵通过泥浆投送内管，球阀 14 被橡胶密封阀 18 挡住，泥浆压力推动密封活塞将内管送到孔底，当密封活塞 19 到达密封座 20 时，泵压升高，球阀 14 压开橡胶密封阀 18，泥浆通道打开，开始正常循环取心钻进。

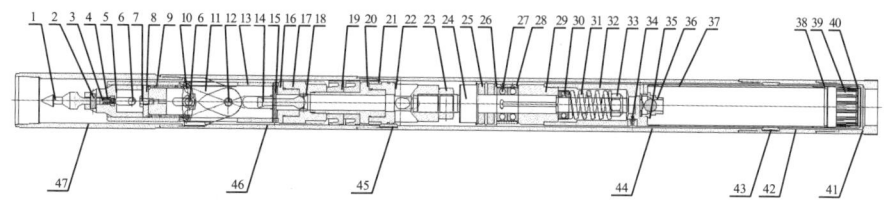

图 4-35　高强度绳索取心钻具

1-打捞钩；2-压缩弹簧；3-弹簧套；4-开槽圆柱端定位螺钉；5-打捞体；6-弹卡板；7-弹性销；8-开口销；9-O 形圈；10-弹卡挡环；11-上转接头；12-弹性销；13-阀杆；14-O 形圈；15-铜套；16-垫片；17-压缩弹簧；18-下转接头；19-密封活塞；20-密封座；21-调节垫片；22-悬挂环；23-悬挂接头；24-调节螺母；25-主轴；26-阀片；27-间隔垫；28-轴承；29-轴承座；30-轴承；31-主轴弹簧；32-自锁螺母；33-内管接头；34-注油嘴；35-钢球；36-阀压盖；37-内管；38-卡簧挡圈；39-卡簧；40-卡簧座；41-钻头；42-扩孔器；43-扶正环；44-外管；45-座环；46-弹卡室；47-扶正器

2) 水平(仰斜)绳索内管总成及打捞器

针对水平(仰斜)孔钻进需要，研究水平(仰斜)孔用绳索取心钻具，解决弹卡定位不可靠、捞矛头偏移致使打捞失败等问题；设计钻具捞矛持心装置及复合弹卡定位结构。水平绳索内管总成如图 4-36 所示。

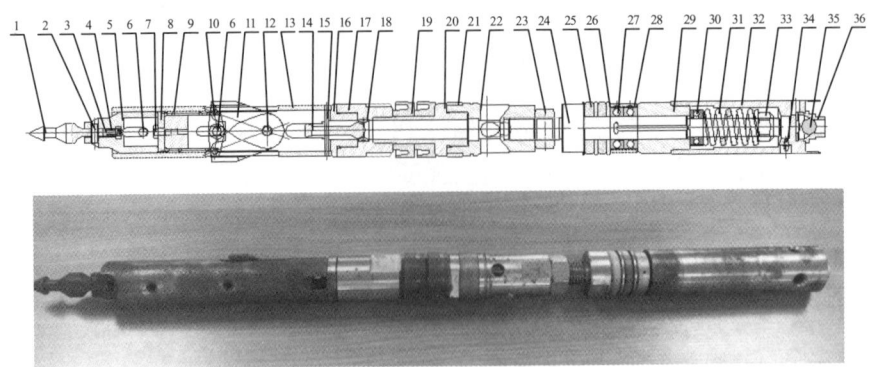

图 4-36　水平绳索内管总成

1-捞矛头；2-卷制弹性销；3-定位销；4-定位弹簧；5-矛头座；6-弹性销；7-回收管；8-螺栓；9-垫片；10-压缩弹簧；11-连接板；12-弹卡板；13-弹性销；14-弹性销；15-弹卡架；16-球阀；17-橡胶密封圈；18-转接头；19-密封活塞；20-密封座；21-悬挂环；22-悬挂接头；23-调节螺母；24-主轴；25-阀片；26-间隔垫；27-轴承；28-轴承座；29-轴承；30-主轴弹簧；31-自锁螺母；32-内接管头；33-注油嘴；34-弹性销；35-钢球；36-阀压盖

　　由于钻具和打捞器靠水力输送到孔底，在钻具内管总成和打捞器上要安装密封压力环，让钻具内管总成和打捞器在水力的作用下能够顺利到达孔底，密封环见钻具总成中的 19、打捞器中的 14。密封环的外径小于钻杆内径 0.5～1mm，同时，打捞器的重量要轻，还要保证在输送过程中保持水平位置，不能由于前后偏重无法输送。绳索内管打捞器结构见图 4-37。钻具长度 3m。

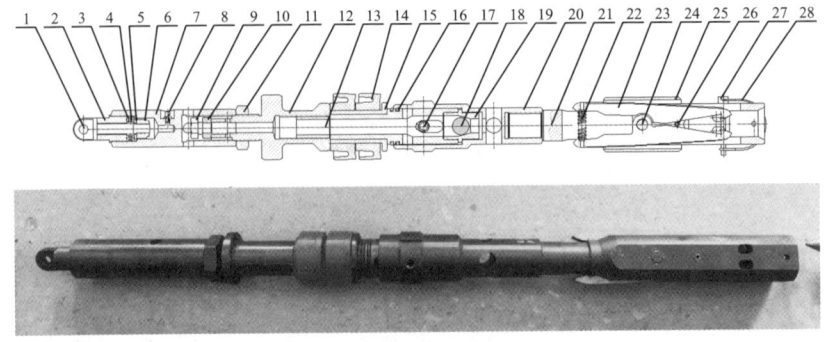

图 4-37　绳索内管打捞器

1-小轴；2-轴套；3-轴承；4-轴承套；5-平垫圈；6-自锁螺母；7-绳接头；8-注油嘴；9-螺栓；10-螺母；11-锁紧螺母；12-转换接头；13-活塞拉杆；14-密封活塞；15-活塞套；16-O 形圈；17-弹性销；18-钢球；19-阀压盖；20-连接套；21-捞钩架；22-捞钩弹簧；23-打捞钩；24-圆柱销；25-导向套；26-弹性销；27-固定销；28-固定钩

3) 水平(仰斜)钻具输送装置

　　设计了水力输送打捞器和通缆式水接头，采用高压泥浆来泵送和打捞内管总成。设计使用输送捞矛头，在绳索取心内管总成保持原样不变的情况下，实现其顺利的投放。并将普通的水龙头改制成为液压发生器，仍保留了原有的功能，建立密闭的压力空间，让内管和打捞器在压力的作用下到达孔底位置。使其简单易行，性能可靠，成本低廉，操作简便，成为实现水平孔钻进的地表钻孔绳索取心工艺的关键。专用通缆液压发生器(水接头)如图 4-38 所示。

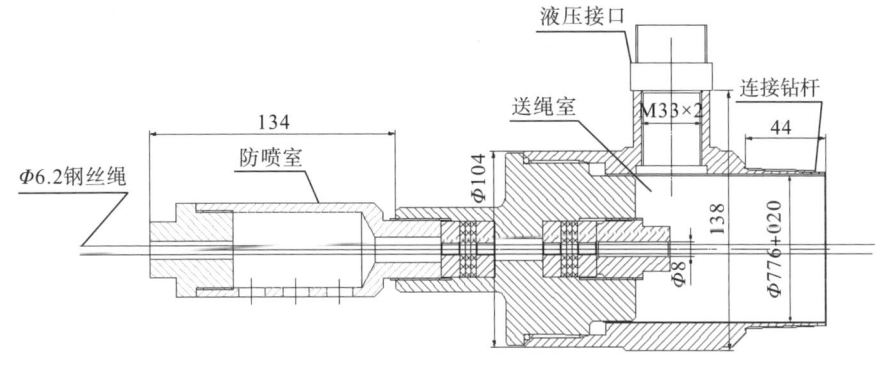

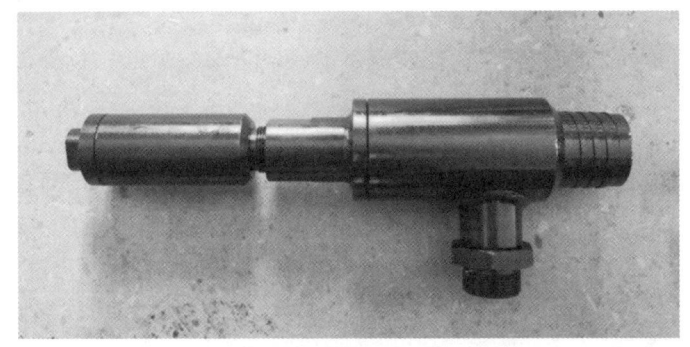

图 4-38　通缆水龙头(单位：mm)

4.4　定向钻探配套器具

4.4.1　涌水分离导流装置

为解决高山峡谷艰险山区铁路(公路)竖向钻孔无法实施，采用超深水平定向钻孔施工。水平(仰斜)钻孔位置一般都位于地下水位下方，大多会涌水，且涌水量大、水压高，不利于后续施工。一是影响现场工人施工环境，涌水直接冲击井场，钻机操作人员难以在恶劣的施工环境下施工；二是污染环境，涌水冲刷现场，流进泥浆池、沉淀池，导致泥浆、岩粉和油污一起排出，难以进行沉淀净化，污染河道和地下水。因此，需要采取涌水分离导流装置研发，将地下涌水先用套管隔离，井口装上涌水导流装置，将涌水从其他排出口排出。

1. 固井

钻穿覆盖层后，下入 $\Phi139.7mm$ 钻杆到孔底，用钻杆代替套管，并用 P.O 42.5(P.O 为硅酸盐水泥)水泥固井，若不用水泥固井，孔内涌水可能会沿套管与孔壁环空间隙渗出，影响滑坡体稳定，导致钻孔发生偏斜或套管断裂，导致钻孔报废。水泥固井后，可以安装孔口涌水分离导流装置。

2. 套管封隔措施

针对涌水量大，如涌水量 30 以上的情况，环保要求高。采用泥浆钻进，护壁效果不太理想，同时对环境产生影响，不符合环保要求，不得不采用清水钻进＋钻杆(套管)护壁措施。每开绳索取心钻进在钻机能力和地层情况允许条件下，尽量向深钻进，不得以才下套管。

3. 孔口涌水分离导流装置

孔口连接旋转密封装置和三通装置如图 4-39 所示，分隔钻杆外与孔壁之间的涌水，钻进时涌水从旁通阀流出，排除孔内涌水，避免朝人冲击。孔口附近修建排水沟，及时排除涌水，避免稀释泥浆，污染环境。

在既垮塌又涌水时，停钻高压从孔口压入水泥浆，或添加堵漏材料，密封孔口，静置一段时间后，再通孔，封堵涌水段。

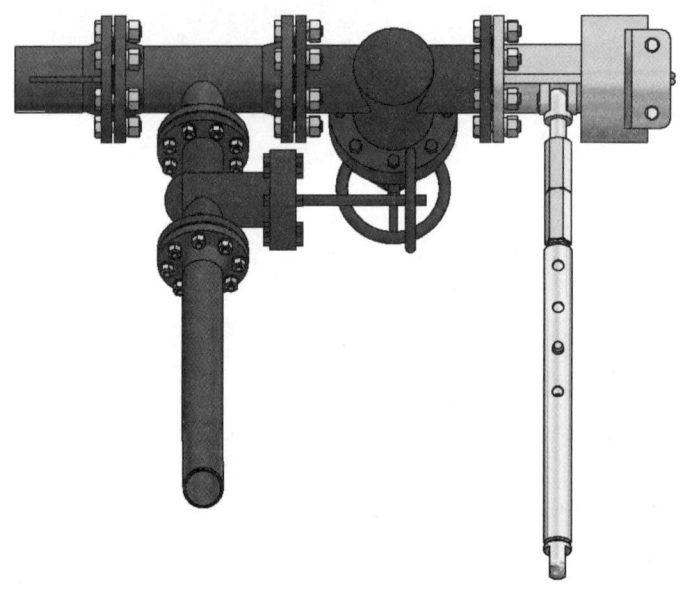

图 4-39　孔口连接旋转密封装置和三通装置

　　分级涌水孔口导流。一开钻穿覆盖层后，下入 Φ139.7mm 套管固井，安装上涌水导流装置，密封 Φ114mm 钻杆，导流 Φ114mm 钻杆与 Φ139.7mm 套管之间的涌水；当下入 Φ114mm 钻杆后，更换旋转密封装置内衬套，如图 4-40 所示，密封 Φ89mm 钻杆，导流 Φ89mm 钻杆与 Φ139.7mm 套管之间的涌水；当下入 Φ89mm 钻杆后，更换旋转密封装置内衬套，密封 Φ71mm 钻杆，导流 Φ71mm 钻杆与 Φ139.7mm 套管之间的涌水。

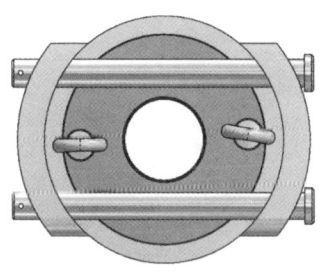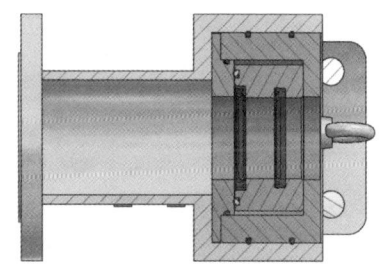

图 4-40　旋转密封装置内衬套

　　现场涌水导流分离装置已安装上，如图 4-41 所示，把 Φ114 套管、Φ89 套管与上一级孔壁间的干净涌水直接导流分离，一是减少涌水对施工人员冲击，改善施工环境，二是将涌水从旁边排水沟排出，减少取心钻进污水沉淀量。

图 4-41　涌水导流分离装置

4.4.2　事故处理工具

1. 打捞工具

　　(1)公母锥：它是一种地质岩心钻探常用的打捞工具，它包括钻杆公母锥、套管公母锥等。公母锥打捞事故钻具时，有时攻丝困难，打捞不住，有时攻丝过多，捞住事故钻具，但打捞不动，无法退扣。公母锥如图 4-42 所示。

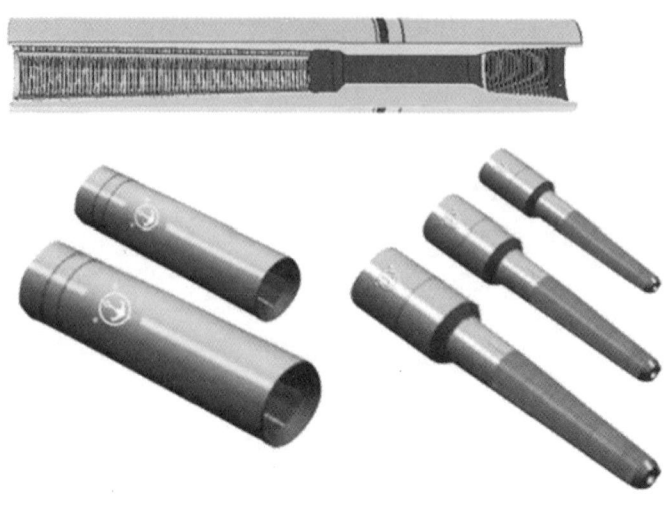

图 4-42　公母锥

　　(2)可退式打捞矛(筒)：操作简单，在钻具打捞不上来时，可以完好退回，打捞可靠，它是抓捞井内光滑落鱼的有效工具。其工作原理是下放捞矛(筒)探鱼顶，循环泥浆，以 5~20kN 压力，压入鱼头内，上提钻具即可；若打捞不上来，右旋钻具退出。可退式打捞矛和打捞筒如图 4-43 和图 4-44 所示。

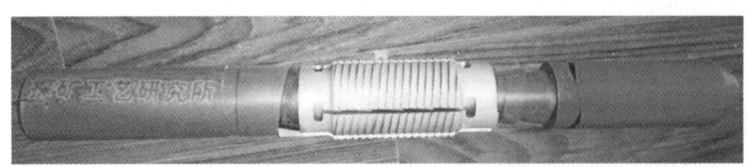

图 4-43　可退式打捞矛

图 4-44　可退式打捞筒

（3）强磁打捞器：利用磁铁的磁性吸力打捞小件铁质落物的工具，如牙轮钻头的牙轮、磨铣的碎片和金刚石钻头胎块等。磁铁打捞器有很多种类，有正循环和反循环强磁打捞器，也有侧强磁打捞器等。强磁打捞器如图 4-45 所示。

图 4-45 强磁打捞器

（4）一把抓工具：对于测井仪器探头、牙轮钻头牙掌等小型形状不规则的孔底落物，可采用一把抓工具进行打捞。一把抓打捞工具如图 4-46 所示。

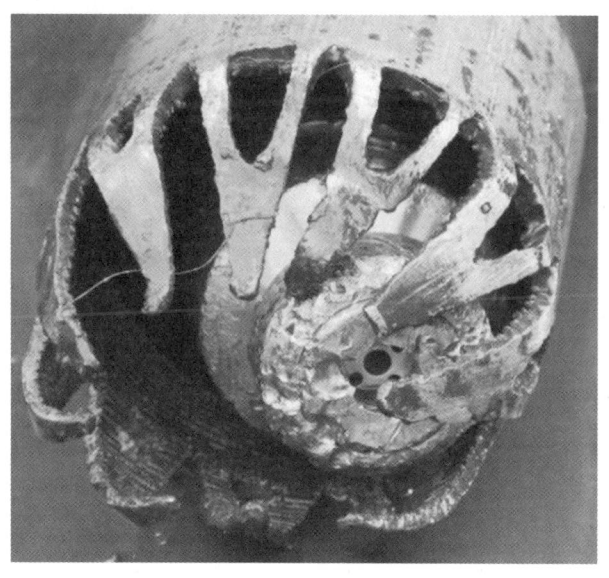

图 4-46 一把抓打捞工具

2. 震击工具

当钻具遇卡时，上提或下压钻具载荷达到震击器设定值时，产生强烈震击，利于解卡。配套公母锥、可退式打捞矛（筒）、安全接头进行事故钻具打捞，确保打捞成功率。采用震击器打捞小直径（$\Phi96mm$、$\Phi76mm$）绳索取心钻具，震击力量较小，可配套震击加速器。震击器、加速器打捞工具如图 4-47 所示。

图 4-47　震击器、加速器打捞工具

3. 切割工具

将切割工具下到需要切割的位置，旋转钻具，开泵循环钻井液，刀片向外张开切割管壁。完成作业后，停止循环钻井液，刀片自动收拢。也有机械式割刀。水力、机械割刀工具如图 4-48 所示。

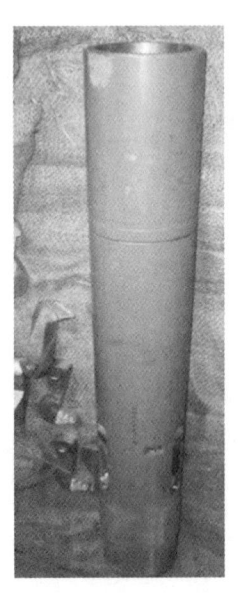

图 4-48　水力、机械割刀工具

4. 磨铣工具

当下部钻具无法处理且体积较小时，只能采用磨铣钻头消灭掉，磨铣钻头有平底磨铣、引鞋磨铣钻头等，如图 4-49 所示。

图 4-49　磨铣钻头

第 5 章　定向钻探绿色工程材料

　　在高寒生态脆弱区进行铁路隧道定向钻探，面临生态脆弱、气候严寒、地质条件复杂等关键问题，迫切需要冲洗液在低温条件下具有良好的流动性能、流变性能、黏弹性、防塌性能，同时具有绿色环保的特点。在日益强调"绿色勘察"的今天，系统地开展高寒生态脆弱区复杂地层绿色钻井液体系研究具有十分重要的工程意义与科学价值。

　　在复杂艰险山区进行铁路建设，沿线地质条件十分复杂，给勘探工作带来了严峻的挑战。在铁路超长定向勘探过程中，钻孔护壁问题是其中的关键技术问题之一。可以从传统护壁材料方向出发，对硅酸盐-硫铝酸盐复合水泥体系进行研究并优化其性能，研制黏度时变、强度可调的低温纳米复合水泥基钻孔护壁新材料，完全有望解决铁路勘探中的低温钻孔护壁问题。

　　在复杂艰险山区中进行超长定向钻进时，大多数钻孔都存在陡倾宽缝、溶蚀等地层漏失严重、局部孔段冲洗液漏失的现象，从而会发生各种孔内事故，会显著降低定向钻进工作的效率且很可能不符合预期目标，最终影响地质勘探工作进度。因此，对钻孔漏失问题进行深入研究，建立一套适于超长定向孔的钻孔堵漏技术方法体系非常紧迫且必要。

5.1　低温绿色防塌冲洗液体系

　　目前，关于低温冲洗液或环保冲洗液方面的研究成果越来越多，但是针对高寒生态脆弱区复杂地层，有针对性地开展低温绿色冲洗液方面的研究及相应成果鲜见。植物胶冲洗液具有防塌护壁、护心、岩心采取率高、流动性好、悬浮及挟带岩屑的能力更强、润滑减阻作用更好、密度较低、黏度可调等优势。更重要的是，植物胶取自植物根茎或果实，具备天然的环保特性。如能通过系统的研究，对植物胶进行改性，使其满足复杂地层低温钻探性能要求，同时使整个体系具备绿色环保的特点，将为解决高寒生态脆弱区复杂地层钻探技术难题带来重要改变。

5.1.1　低温基础液

通过对卤盐、甲酸盐、有机醇三类基础液的试验研究，发现在同等质量分数的情况下，其凝固点由低到高排序为卤盐＜甲酸盐＜有机醇。卤盐与甲酸盐在降低溶液冰点方面都有良好的效果。相比而言，甲酸钠与甲酸钾剪切稀释能力强，有利于快速钻进；能够形成薄的泥饼，孔壁规则；无毒、可生物降解，对钻具和套管等钻井设备的腐蚀性小；滤液与地层流体的配伍性好，抑制性强；抗污染能力强，性能稳定，维护简单，有较好的抑制性和防塌能力。选择甲酸盐配制的无固相钻井液体系具有半透膜效应，能够实现钻井液的高密度、低黏度、提高钻探速度、抑制性强、失水造壁性好、防塌能力强及延长钻头寿命等，是油气开采技术领域中的一种先进和环保型材料，但是在地质钻探领域应用较少。综合考虑，选择其中的甲酸钾作为低温基础液进行后续试验研究，在其加量为 15%时，冰点为 $-10℃$ 左右，满足一般情况下高寒生态脆弱区钻探的低温性能要求，因此将 1000mL H_2O+15%HCOOK 溶液作为低温基础液。

5.1.2　植物胶原料

对当前应用于石油钻井、食品工业和中药材加工等领域的植物胶做了仔细的研究论证，经过充分对比筛选，最终确定根用植物胶-荨麻（QM）、豆类植物胶-苦荬豆胶（KL）、瓜尔胶（Guar）、田菁胶（TQ）和香豆胶（XD），作为初选对象。在此基础上进行了植物胶冲洗液主要原料品种的优选（表 5-1）。

表 5-1　典型植物胶性能对比

植物胶类型	浓度/(g/L)	FV/s	AV/(MPa·s)	PV/(MPa·s)	YP/Pa	pH
瓜尔胶	10	660	61	23	19.4	10
田菁胶	10	155	43	19	24.5	10
苦荬豆胶	10	291	62	26	37.8	10
香豆胶	10	61	29.5	15	14.8	11

注：FV 表示漏斗黏度；AV 表示表观黏度；PV 表示塑性黏度；YP 表示动切力。

根据前期探索试验研究结果，结合材料性能、来源及价格等综合因素，确定植物胶原料选用豆类植物胶——苦荬豆胶，其源自灌木或小乔木，主产于我国太行山、五台山等山区，分布广泛，资源丰富。苦荬豆种子中植物胶含量超过 40%，其主要成分是半乳甘露聚糖。从植物籽粒中除去种皮与子叶，分离出胚乳，然后将胚乳粉碎，达到一定细度制成植物胶粉（图 5-1）。不同浓度的纯 KL 胶液黏度如表 5-2 所示。

(a)苦苈豆荚果形态   (b)苦苈豆形态

(c)KL胶液的配制过程   (d)KL胶液的形态

图 5-1   KL 胶液的配制

表 5-2   纯 KL 胶液的性能

配方	FV/s	AV/(MPa·s)	PV/(MPa·s)	YP/Pa	pH
1000mL H₂O+2‰KL	22	6	5	0.5	7
1000mL H₂O+4‰KL	25	10	8	2.0	7
1000mL H₂O+6‰KL	34	18	12	6.6	7
1000mL H₂O+8‰KL	60	35	16	19.4	7
1000mL H₂O+10‰KL	240	50	21	29.6	7

注：FV 表示漏斗黏度；AV 表示表观黏度；PV 表示塑性黏度；YP 表示动切力。

由表 5-2 可知，随着加量的增加，胶液的黏度发生较大的变化，漏斗黏度、表观黏度、塑性黏度及动切力等均相应增大。但据现场钻探经验可知，单一的植物胶液，其防塌性能和保护岩心作用比较差，往往不能够满足复杂地层钻进取心的要求，还必须对其进行改性处理。通过改性，使植物胶的加量控制在较小的范围以内，同时满足低温条件下复杂地层取心钻探对钻井液的综合性能要求。

5.1.3　植物胶液的改性

1. 处理剂的筛选

在高寒生态脆弱区钻探中，要想使所研究的植物胶钻井液满足复杂地层钻探性能要求，需要进一步提升 KL 植物胶的黏度，对其进行协同增效，减少植物胶用量，从而减少浆液成本。同时，为了使植物胶液满足低温流变性，在体系中加入了甲酸钾。但是随着甲酸盐的加入，会进一步对植物胶的黏度等造成影响，需要处理剂对其进行改性。另外，温度降低，植物胶冲洗液黏度会增大，影响其流变性，需要处理剂对其流变性进行调控。

　　通过对协同增效处理剂(HT、XY-27、PAM、XC、GA 等)进行大量试验研究(图 5-2)，最终选择合作研发的高聚物处理剂(GA)，其为绿色环保的特种高聚物，可对植物胶液的黏度、流变模式等起到调节作用。

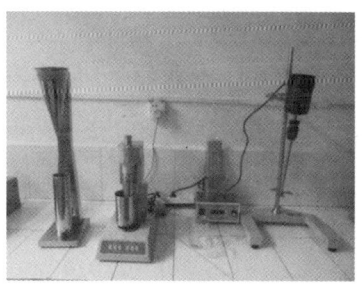

(a)不同处理剂配制的溶液　　　　　　(b)漏斗黏度与旋转黏度的测试

图 5-2　典型处理剂的性能对比试验

　　为了调整植物胶冲洗液的 pH，让植物胶冲洗液中各分子的水化效果更佳，使胶粒变得更加致密，使其黏弹性、流变性能得到进一步的改善，需要添加无机处理剂对其性能进一步调整。目前用于植物胶改性的无机处理剂主要有三种：烧碱(NaOH)、纯碱(Na_2CO_3)和硅酸钠(Na_2SiO_3)。硅酸钠的水溶液具有比较好的黏滞性和黏结性，这样就更有利于提高胶液的流变性和挟屑能力；硅酸钠自身对水化膨胀地层和松散的黏土质岩层有较好的抑制水化膨胀和防塌的作用；经硅酸钠改性后的植物胶，胶粒层变得更加致密，因而形成的胶膜强度也随之加大，胶液的渗透性也就相应减小，这样有阻止胶液中的水向孔壁渗透的作用。而且，其为粉末状，腐蚀性较低。根据对比试验结果，考虑环保要求，确定将硅酸钠(Na_2SiO_3)作为无机改性剂。

2. 处理剂对植物胶性能的影响

　　往基础液中加入植物胶粉与硅酸钠，高速搅拌配制成 KL 胶液，然后从常温到-10℃，每降低 3℃测一次漏斗黏度和六速旋转黏度，计算其表观黏度、塑性黏度和动切力等。聚合物(GA)对 KL 胶液性能的影响见表 5-3。

表 5-3　GA 对 KL 胶液性能的影响

配方	$T/℃$	FV/s	AV/(MPa·s)	PV/(MPa·s)	YP/Pa	YP/PV
	11	75	48.5	34.0	15.8	0.5
	8	79	53.0	39.0	14.3	0.4
	5	85	54.5	36.0	18.9	0.5
H_2O+15%HCOOK+	2	95	56.0	37.0	19.4	0.5
1‰Na_2SiO_3+8‰KL+2‰ GA+1.5% Nano AM	−1	105	57.5	38.0	19.9	0.5
	−4	113	62.5	45.0	17.9	0.4
	−7	125	65.0	48.0	17.4	0.4
	−10	148	67.5	50.0	17.9	0.4

注：T 表示温度；FV 表示漏斗黏度；AV 表示表观黏度；PV 表示塑性黏度；YP 表示动切力；YP/PV 表示动塑比。

由表 5-3 可知，随着温度的降低，KL 胶液的漏斗黏度和表观黏度均呈增加的趋势，塑性黏度和动切力在大体上呈现增加的趋势，但具有一定的不稳定性，在部分温度点反而降低，动塑比则保持在 0.4～0.5。

5.1.4　优化配方性能评价与机理分析

采用正交实验方法，对正交试验结果进行极差分析，结合高寒生态脆弱区钻探对植物胶冲洗液的低温性能要求，确定低温绿色植物胶冲洗液的优化配方，并对其性能进行评价。室内试验与现场应用结果表明，所研发的冲洗液组分简单，配制方便，具有良好的低温流变性(图 5-3)、黏弹性、防塌性，并具有绿色环保的特点。

采用扫描电镜(SEM)与傅里叶变换红外光谱仪(FTIR)(图 5-4)相结合的方法，分析了冲洗液的低温作用机理，构建了冲洗液的低温作用过程模型。研究成果为解决高寒生态脆弱区铁路隧道超千米水平孔绳索取心定向钻进冲洗液技术难题提供了新的解决方案。

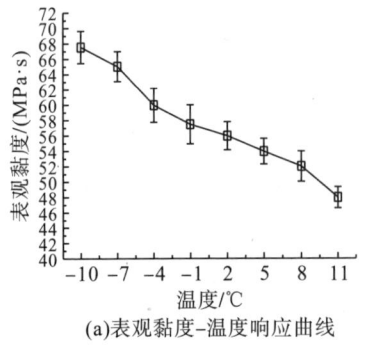

(a)表观黏度–温度响应曲线

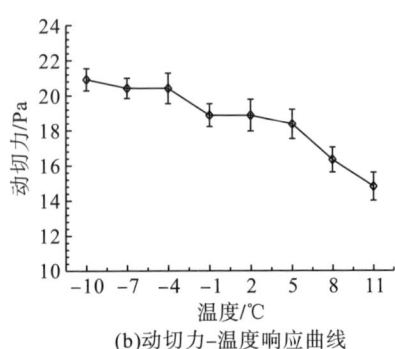

(b)动切力–温度响应曲线

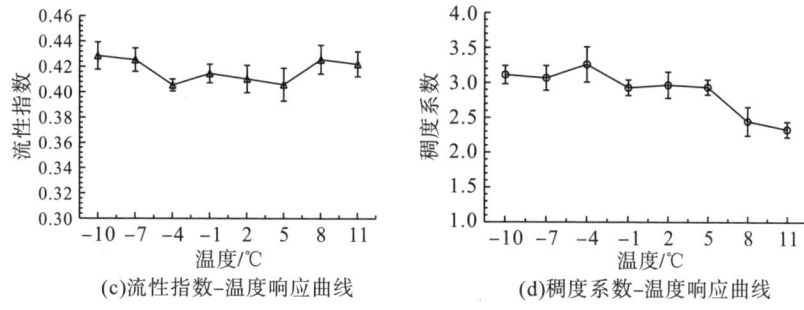

(c)流性指数-温度响应曲线　　　　(d)稠度系数-温度响应曲线

图 5-3　冲洗液的流变性能-温度响应曲线

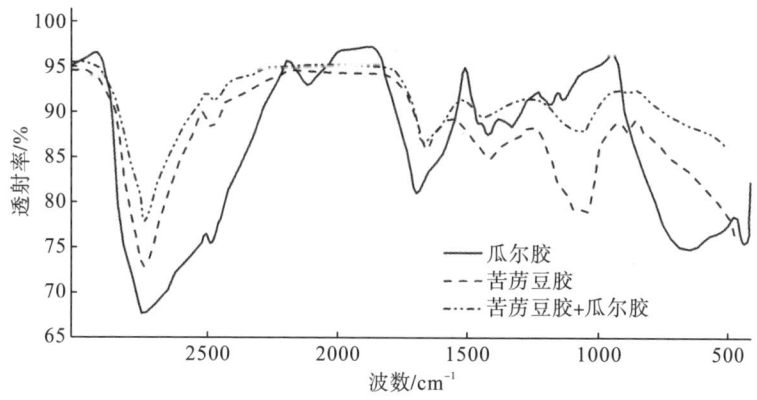

图 5-4　冲洗液的傅里叶变换红外光谱分析

5.2　低温纳米复合水泥基护壁材料

　　水泥基材料护壁作为一种传统而重要的方法，在解决复杂地层的钻孔护壁方面往往具有优越性。复合化是改善水泥性能的有效途径。各系列水泥和辅助性胶凝材料复合方面的研究和成功应用的经验已很多，而不同系列水泥之间的复合研究则起步较晚。课题组前期研究成果表明，将硅酸盐水泥（P.O）与硫铝酸盐水泥（R.SAC）复合，不仅可以充分发挥各自的特点，而且还具有意想不到的"水化协同效应"，此效应主要表现为浆液快速凝结，初凝与终凝间隔时间很短，具有直角稠化特点。在充分利用硅酸盐-硫铝酸盐复合水泥的水化协同效应基础上，进一步解决其流变性、凝结时间与浆体强度之间的协调统一问题，有望为解决钻孔护壁难题提供新的思路。

　　纳米材料在结构、物理和化学性质方面具有特殊的性能。将适宜的纳米材料加入硅酸盐-硫铝酸盐复合水泥浆液中，制备成纳米复合水泥浆液。通过纳米材料填充空隙，促进水泥水化，改善水泥石界面微结构，进而提高浆体强度、抗渗性及抗冻性等。

课题组进行的前期探索性研究成果表明，筛选适合的纳米材料，并与相适应的复合外加剂耦合作用，对硅酸盐-硫铝酸盐复合水泥体系进行改性，研制黏度时变、强度可调的低温纳米复合水泥基钻孔护壁新材料，完全可望解决铁路勘探中的低温钻孔护壁问题。

5.2.1 硅酸盐-硫铝酸盐复合水泥性能

两种水泥以不同比例复合后对后续纳米复合水泥基护壁堵漏材料的性能研究存在很大影响，因此在试验中采用硅酸盐水泥占水泥总质量比重为10%～90%，按10%的梯度增加的方法，测试复合水泥浆液的流动度、可泵期、凝结时间等性能，综合分析试验数据确定硅酸盐水泥与硫铝酸盐水泥的最佳配比，结果如表5-4所示。

表 5-4　硅酸盐-硫铝酸盐复合水泥浆液的性能

	P.O 42.5+R.SAC 42.5				A=0.50				
P.O 42.5	10%	20%	30%	40%	50%	60%	70%	80%	90%
R.SAC 42.5	90%	80%	70%	60%	50%	40%	30%	20%	10%
初始流动度/cm	18	17	16	17	19	21	21.5	22	24
可泵期/min	4	3	3	7	7	8	8	9	28
初凝/min	17	10	8	12	13	14	18	30	62
终凝/min	25	16	13	17	15	17	21	32	73

注：A 为水灰比

由表 5-4 可知，随着普通硅酸盐水泥在复合体系中的比重不断增加(10%～90%)，复合水泥浆液的初始流动度与可泵期呈现先减小后逐渐增大的趋势，当硅酸盐水泥比例为90%时，可泵期达到28min；初凝时间与终凝时间也是呈现先减小后增大的趋势，且初凝与终凝间隔时间普遍较短，多处于2～5min。综合分析，将两种水泥复合后，复合水泥的可泵期、凝结时间等相对于单一水泥大大缩短，说明两种水泥复合后发生了独特的水化反应，导致水泥加水拌和初期不同水泥矿物混合与水发生剧烈反应，使得水泥能够快速水化硬化。这一特性对于松散破碎、随时会发生孔壁垮塌埋钻的钻探护壁非常有利。

5.2.2 外加剂优选

1. 防冻剂

经前期试验进行两种水泥的复合基础研究后，得知当 P.O 42.5/R.SAC 42.5=

4∶6 时，复合水泥强度最大，且凝结时间短。因此以 40%P.O 42.5+60% R.SAC 42.5 为复合液进行低温试验，测试硅酸盐-硫铝酸盐复合水泥在不同低温环境下的特性及添加防冻剂对其低温特性的影响，试验结果如表 5-5 所示。

表 5-5　不同低温环境下硅酸盐-硫铝酸盐复合水泥性能

40%P.O 42.5+60%R.SAC 42.5，A=0.50				
温度/℃	初始流动度/cm	可泵期/min	初凝时间/min	终凝时间/min
−5	21	37	104	142
−10	23.6	结冰失效		

由表 5-5 可知：

(1)硅酸盐-硫铝酸盐复合水泥在-5℃时能够凝结，然而与常温环境下相比，低温条件下其初终凝时间间隔变长(常温环境下初终凝时间间隔为 3～5min，低温环境下约 40min)。

(2)当温度继续降低到-10℃时，水泥浆液的水化和硬化过程几乎停止，水泥浆液结冰失效，因此在水泥浆液中加入防冻剂提高硅酸盐-硫铝酸盐复合水泥的抗冻性。

试验在-10℃负温环境下进行，在硅酸盐-硫铝酸盐复合水泥中分别加入同剂量的 NaCl、MgO、CC(加量为水泥质量的 5%)。试验证明加入 MgO 后复合水泥浆液结冰失效，而在加入 NaCl、CC(防冻剂)后抗冻性较好，能保证水泥浆液进行完整的水化硬化反应，达到凝结状态。复合水泥凝结改性效果如图 5-5 所示。

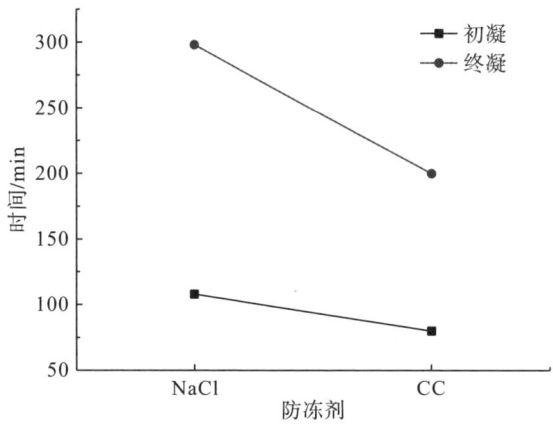

图 5-5　防冻剂对复合水泥凝结改性效果

试验过程中加入 MgO 的水泥浆液结冰失效，因此试验测试了加入 NaCl 和 CC 的凝结时间。从图 5-5 可知，加入 NaCl 后复合水泥的初凝时间为 110min，终凝时间为 300min（初凝与终凝时间间隔为 190min），加入 CC 后水泥浆液的初凝时间为 80min，终凝时间为 200min（初终凝时间间隔为 120min），凝结时间和初终凝时间间隔均小于加入 NaCl 时。因此综合考虑后决定采用 CC 作为硅酸盐-硫铝酸盐复合水泥的防冻剂。

2. 纳米材料

目前关于纳米材料对水泥性能影响的研究多集中于力学性能、耐久性、微观结构、掺加方式及作用机理等方面。纳米材料能增大水泥浆液的早期水化速率，提高水泥结石的早期强度。现阶段研究较多的纳米材料是纳米 SiO_2。纳米 SiO_2 是一种无定形物质，SiO_2 的含量在 99.9%以上。纳米 SiO_2 具有很多优越的性能，如纳米级的粒径、强大的表面吸附力、促进水泥水化、提升水泥耐久性等。因此针对本次试验，选择纳米 SiO_2 对复合水泥进行研究。

对含不同加量纳米 SiO_2 的硅酸盐-硫铝酸盐复合水泥进行对比，判断纳米材料对其性能改善的可行性。试验结果见表 5-6。

表 5-6　纳米材料对复合水泥浆液改性效果

40%P.O 42.5+60%R.SAC 42.5，A=0.50					
纳米 SiO_2 加量/%	初始流动度/cm	可泵期/min	初凝时间/min	终凝时间/min	24h 抗压强度/MPa
0	17.6	7	12	17	13.2
0.1	17.4	7	11	16	17.1
0.2	17.0	7	11	15	19.8
0.3	17.0	6	10	14	17.1
0.4	16.7	6	10	14	19.0

从表 5-6 可知，由于纳米 SiO_2 的独特的催化作用，使得复合水泥的水化反应加速，降低了水泥浆液的凝结时间，其纳米填充效应能够增强水泥结石的抗压强度。试验证明了在复合水泥浆液中加入纳米材料的可行性。

3. 减水剂

高效减水剂 JSS 为针对硫铝酸盐水泥特性而研制开发的外加剂产品，针对含有硫酸盐的水泥的分散作用和相容性都很出色，减水率也很高。高效减水剂 JSS 改性后的复合水泥浆液性能见表 5-7。

表 5-7　经高效减水剂处理后的复合水泥浆液性能

40%P.O 42.5+60%R.SAC 42.5，A=0.50			
JSS/%	可泵期/min	初凝时间/min	终凝时间/min
0	7	12	17
0.2	11	17	22
0.3	13	19	25
0.4	18	28	35
0.5	23	33	40
0.6	30	45	52

从表 5-7 可知，增加高效减水剂加入水泥中的含量，复合水泥浆液的可泵期、初凝时间、终凝时间都有不同程度的增加。

4. 早强剂

选用三乙醇胺和 LC 早强剂，通过比较在添加不同早强剂情况下硅酸盐-硫铝酸盐复合水泥的凝结时间、早期抗压强度等性能，筛选出合适的早强剂。试验结果如表 5-8 所示。

表 5-8　早强剂对复合水泥性能影响

40%P.O 42.5+60%R.SAC 42.5，A=0.50					
早强剂	加量/%	JSS/%	可泵期/min	初凝时间/min	终凝时间/min	24h 抗压强度/MPa
无	0	0	7	12	17	13.2
无	0	0.4	18	28	35	13.1
三乙醇胺	0.02	0	试样太稠，不具有可泵性			
	0.02	0.4	17	26	33	14.8
	0.04	0.4	15	25	31	14.3
	0.06	0.4	14	22	27	14.7
	0.08	0.4	12	18	25	15.1
LC	0.01	0	试样太稠，不具有可泵性			
	0.01	0.4	16	24	30	16.3
	0.05	0.4	15	21	26	16.7
	0.10	0.4	12	17	23	17.8

试验中在复合水泥中加入三乙醇胺或 LC 后，在不加入减水剂的情况下，复合水泥浆液太稠，不具有可泵性，因此在此基础上加入自制 JSS 减水剂进行试验。从表 5-8 可以看出，在水灰比 A 一定的情况下，加入 JSS 减水剂对水泥结石的抗压强度影响较小，可以忽略(两者相差 0.1MPa)；加入两种早强剂后，复合水泥浆

液的 24h 抗压强度都有所提升，同时可以得出 LC 比三乙醇胺效果更好，加入 LC 后强度最高增大 4.7MPa，加入三乙醇胺后强度最高增大 2MPa；加入 LC 后，水泥浆液在初终凝时间相比于加入三乙醇胺有所减小，即 LC 对浆液具有更好的促凝作用。选择 LC 作为硅酸盐-硫铝酸盐复合水泥的早强剂。

5.2.3　低温纳米复合水泥基护壁材料研制

1. 复合水泥基础液研究

硅酸盐-硫铝酸盐复合水泥具有"水化协同"效应，前期水化反应剧烈，凝结时间非常短，能够抵抗一定程度的低温。考虑到冻土地区钻探时外界温度较低（外界温度普遍在-10℃～-5℃），因此需要在复合水泥中添加防冻剂以提高水泥浆液的抗冻性。前期试验已经筛选出适合的防冻剂(CC)，已证明复合水泥添加 CC 后在-10℃负温环境下可以进行完全的水化硬化过程。后续将通过试验确定 CC 的最优加量，以 40% P.O 42.5+60% R.SAC 42.5 加一定量的 CC 为低温护壁堵漏材料的基础液配方。

CC 作为水泥防冻剂时，其加量范围为 2%～5%。以 1%的梯度增加，通过添加不同量的 CC 后，测试复合水泥在低温环境下的性能指标，确定 CC 的最优加量，试验结果如表 5-9 所示。

表 5-9　不同加量 CC 对复合水泥性能影响

40% P.O 42.5+60% R.SAC 42.5，A=0.50，T=−10℃				
CC 加量	初始流动度/cm	可泵期/min	初凝时间/min	终凝时间/min
2%	22.0	水泥浆液结冰失效		
3%	21.5	45	130	270
4%	21.0	35	102	220
5%	20.5	33	80	200

分析表 5-9 中的数据得知，在 CC 加量为 2%时，复合水泥防冻效果较差，其水泥浆液不能进行水化硬化反应导致其结冰失效；当 CC 加量为 3%时，复合水泥浆液水化硬化反应较为缓慢，在低温下凝结时间较长；当 CC 加量为 4%和 5%时，复合水泥浆液在低温下凝结时间均缩短，并且可以看出，随着 CC 加量增大，复合水泥凝结时间随之缩短；但是实验过程中发现，当 CC 加量达到 5%时，水泥结石发生塑形开裂，影响其抗压强度。因此，综合考虑后确定 CC 最优加量为水泥质量的 4%，确定复合水泥基础液为 40% P.O 42.5+60% R.SAC 42.5+4%CC。

　　复合水泥基础液具有较好抗冻性，在-10℃负温环境下能较快地进行水化反应，保持其水化特性。后续在此基础上添加其他外加剂调节复合水泥基础液在低温环境下其流动度、可泵期、凝结时间及抗压强度之间的协调统一问题。

2. 正交实验与结果分析

　　影响复合水泥基础液性能的重要指标有减水剂 JSS、早强剂 LC、纳米 SiO_2、水灰比。通过设计正交实验确定各个因素的影响主次顺序，并且确定各个因素的最优加量，研制出性能优良满足要求的低温纳米复合水泥基护壁堵漏材料。

　　试验在复合水泥基础液(40% P.O 42.5+60% R.SAC 42.5+4%CC)下进行，调节外部环境为-10℃。试验过程需要考虑以下因素：水灰比(A)，减水剂 JSS 加量(B)，早强剂 LC 加量(C)，纳米 SiO_2 加量(D)。经过总结前期试验经验后，综合考虑设计每一个因素选用三个不同的因素水平，得到 9 组试验方案，具体的因素水平如表 5-10 所示。

表 5-10　正交试验设计因素水平表

因素水平	A	B/%	C/%	D/%
1	0.50	0.5	0.01	0.01
2	0.55	0.6	0.05	0.05
3	0.60	0.7	0.10	0.10

3. 试验结果与分析

　　根据正交试验设计组合分别对复合水泥的主要性能(初始流动度、可泵期、凝结时间)进行了测试，试验结果如表 5-11 所示。对测试结果进行极差分析法，进而获得优化配方。

表 5-11　正交试验结果

序号	A	B/%	C/%	D/%	初始流动度/cm	可泵期/min	凝结时间/min 初凝	凝结时间/min 终凝
1	0.50	0.5	0.01	0.01	24.5	42	100	155
2	0.50	0.6	0.05	0.05	28.0	38	97	152
3	0.50	0.7	0.10	0.10	31.5	41	94	146
4	0.55	0.5	0.05	0.10	31.7	39	98	154
5	0.55	0.6	0.10	0.01	36.8	40	103	157
6	0.55	0.7	0.01	0.05	36.0	44	110	161
7	0.60	0.5	0.10	0.05	32.6	43	112	158
8	0.60	0.6	0.01	0.10	40.0	46	114	166
9	0.60	0.7	0.05	0.01	42.0	51	120	178

5.2.4 性能评价

1. 低温流变性

通过测试低温条件下(-10℃)复合水泥浆液在不同剪切速率下的剪切应力,对所得数据采用线性回归方法分析,可以判断复合水泥浆液符合的流变模式。

(1)硅酸盐-硫铝酸盐复合水泥基础液的剪切应力-剪切速率曲线见图 5-6。将曲线进行拟合,得出硅酸盐-硫铝酸盐复合水泥基础液的四种流变模型的拟合度(R^2)与残差值(SSE),如表 5-12 所示。

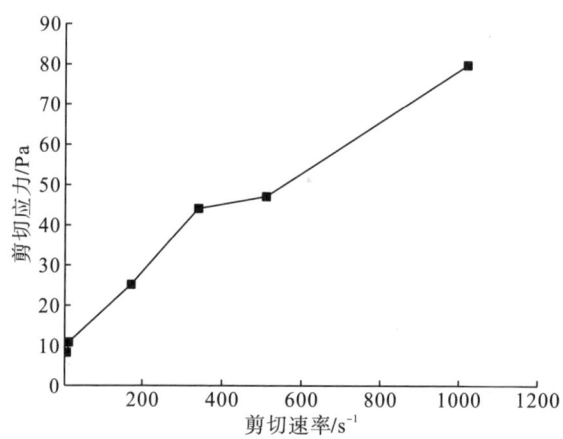

图 5-6   复合水泥基础液剪切应力-剪切速率曲线

表 5-12   复合水泥基础液回归分析拟合度与残差值

参数	宾汉模式	幂律模式	赫巴模式	卡森模式
R^2	0.957	0.961	0.988	0.986
SSE	99.984	89.548	29.152	36.896

由表 5-12 可见,复合水泥浆液基础液在卡森模式与赫巴模式下的拟合度较为接近,均达到 0.98 以上。通过比较残差值的大小,可知在赫巴模式下其残差值 SSE 最小,因此综合分析得出赫巴模式是表征复合水泥基础液流变性的最理想的流变模式。

(2)通过测试分别加入各种外加剂对复合水泥流变性的影响,与优化配方相比较,其剪切应力-剪切速率曲线见图 5-7。

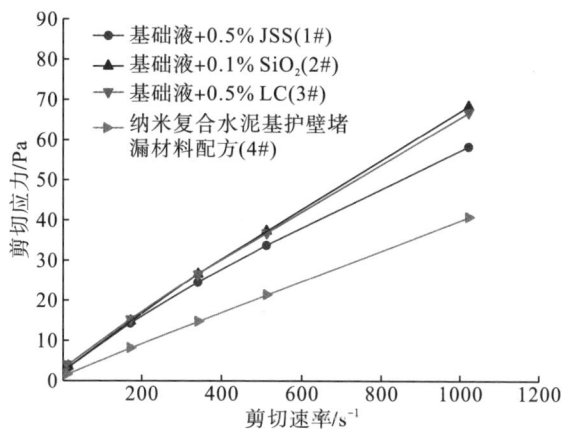

图 5-7　外加剂对复合水泥基础液剪切应力-剪切速率影响曲线

将曲线进行拟合，得出添加外加剂后硅酸盐-硫铝酸盐复合水泥浆液的四种流变模型(参见图 5-7)的拟合度与残差值，如表 5-13 所示。

表 5-13　添加外加剂复合水泥基础液回归分析拟合度与残差值

流变模式	参数	1#	2#	3#	4#
宾汉模式	R^2	0.987	0.992	0.993	0.996
	SSE	15.954	6.324	5.897	2.496
幂律模式	R^2	0.989	0.987	0.988	0.992
	SSE	7.352	7.675	6.997	3.013
赫巴模式	R^2	0.992	0.995	0.997	0.998
	SSE	1.786	1.023	0.699	0.332
卡森模式	R^2	0.989	0.991	0.992	0.996
	SSE	2.465	1.774	1.676	0.998

由表 5-13 可以看出，加入 JSS(1#)及纳米 SiO_2(2#)、LC(3#)后复合水泥基础液的流变模式没有发生变化，赫巴模式与卡森模式的拟合度较高，最适合的流变模式依然是赫巴模式。

采用赫巴模式中的参数(表观黏度、动切力、流性指数、稠度系数)来表征复合水泥浆液的流变性。赫巴模式参数中的动切力(τ_y)是流体的实际动切力，表示使流体开始流动需要的最低剪切应力。动切力值的大小主要与水泥浆液的类型和浓度有关；稠度系数(K)则与水泥浆液的表观黏度(μ_a)、动切力联系在一起；流性指数(n)表示流体在一定剪切速率范围内所表示出的非牛顿性程度，n 值越小，表示水泥浆液的非牛顿性越强，具有的剪切稀释性能越好。流变性表征见表 5-14。

表 5-14　复合水泥浆液流变参数

复合水泥浆液	动切力/Pa	流性指数	稠度系数	表观黏度/(MPa·s)
基础液	6.978	0.612	0.523	74
1#	3.011	0.755	0.139	52
2#	4.631	0.487	0.321	69
3#	4.127	0.511	0.243	66
4#	1.870	0.841	0.075	44

表 5-14 中可以看出：

(1)复合水泥基础液动切力为 6.978Pa，在复合水泥基础液中加入外加剂后，动切力减小，减水剂 JSS 对其影响较大(加入减水剂 JSS 后动切力为 3.011Pa，加入纳米 SiO_2 或早强剂 LC 后动切力减小到 4Pa 左右)。纳米复合水泥基护壁堵漏材料配方的动切力最小，为 1.870Pa。

(2)加入减水剂 JSS 后流性指数增大，水泥浆液剪切稀释性能降低；纳米 SiO_2 和早强剂 LC 不同程度地增大了水泥浆液的剪切稀释性；纳米复合水泥基护壁堵漏材料配方的流性指数达到 0.841，说明水泥浆液的剪切稀释性最低。

(3)稠度系数随着外加剂的加入而降低，由于减水剂 JSS 增大水泥浆液流动度效果明显，因此减水剂 JSS 对其影响较大，纳米 SiO_2 和早强剂 LC 的影响效果区别不明显。

(4)表观黏度的变化规律与动切力类似。复合水泥基础液的表观黏度为 74MPa·s，加入纳米 SiO_2 或早强剂 LC 后表观黏度减小程度较小；加入减水剂 JSS 后表观黏度较小，为 52MPa·s，纳米复合水泥基护壁堵漏材料配方的表观黏度最低，为 44MPa·s。

2. 流动度与可泵期

根据试验方法配制好水泥浆液后，每隔一定时间对其流动度进行测定，直至水泥浆液流动度小于 14cm，认为此时的水泥浆液失去可泵性，从加水拌和到失去可泵性这段时间即水泥浆液的可泵期。试验结果如图 5-8 所示。

分析图 5-8 可得出以下结论：

(1)配制的纳米复合水泥基材料的初始流动度较好，达到 24cm，符合对低温护壁材料的要求(初始流动度 200～250mm)，从与水拌和开始，随着时间延长，材料的流动度基本上保持在一个较为稳定的值，流动度减小的幅度很小(能保持在 20cm 之上，每隔 10min 流动度减小幅度小于 2cm)，曲线斜率基本保持不变；当 30min 后，其流动度变化曲线斜率突然增大，流动度急剧减小，水泥浆液的流动失效速度突然加快，浆液快速稠化；当达到 52min 左右时，水泥浆液流动度降低到 14cm，因此可以得出复合水泥可泵期为 54min，满足低温护壁材料的性能要求(30～50min)。

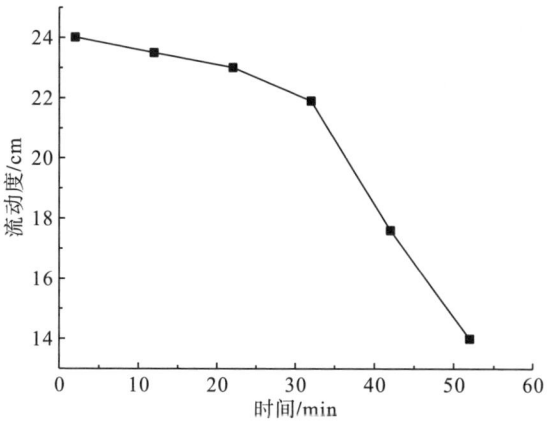

图 5-8　纳米复合水泥基护壁堵漏材料流动度

(2)纳米复合水泥基护壁材料的流动度随时间变化趋势类似于直角,将其流动度变化特性称为"直角稠化",这一独特的水化特性有利于钻孔护壁堵漏。在加水拌和前期,水泥浆液具有较好流动性,利于在地层缝隙中流动,充分填充地层裂隙;当水泥浆液在地层中具有较大流动半径后,浆液迅速稠化,一定程度上能够达到护壁效果。利用纳米复合水泥这一特殊性质,通过调整外加剂加量使纳米复合水泥具有可控流变的优良性能。所研究的纳米复合水泥基护壁材料所体现出来的典型"直角稠化"特征为进行钻孔护壁奠定了良好基础。

3. 凝结时间

试验将硅酸盐水泥浆液(P.O 42.5)、硫铝酸盐水泥浆液(R.SAC 42.5)及纳米复合水泥基护壁材料分别配制好后放入数控低温保存箱在同一低温环境下(-10℃)测试其凝结时间。试验结果如图 5-9 所示。

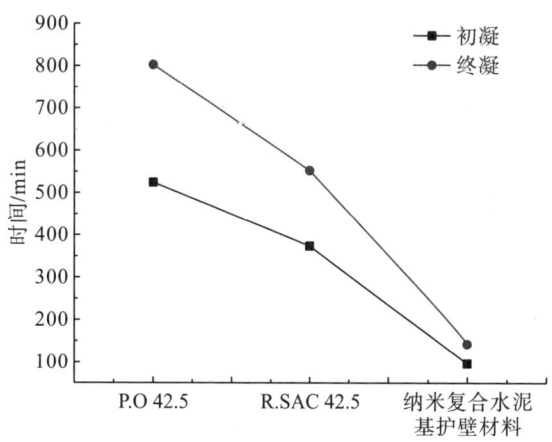

图 5-9　水泥浆液凝结时间对比

　　从图 5-9 可以看出，在 -10℃ 低温环境下硅酸盐水泥浆液与硫铝酸盐水泥浆液的凝结时间较长（硅酸盐水泥浆液初凝时间达到 525min，终凝时间为 803min，硫铝酸盐水泥浆液初凝时间为 374min，终凝时间为 553min），且初凝与终凝时间间隔较长。纳米复合水泥基护壁材料的凝结时间相比起以上两种水泥大大降低，初凝时间降低到 100min 左右，终凝时间降低到 140min 左右，达到初凝状态后迅速硬化达到终凝状态，其初终凝时间间隔仅为 46min。这对于破碎、垮塌严重的地层具有良好的护壁效果。

　　4. 抗压强度

　　水泥浆液结石体的强度是衡量护壁材料性能的一个必不可少的指标。水泥结石强度的影响因素主要包括水泥品种、水灰比、结石的孔隙率、外加剂、养护环境及养护龄期等。按照标准试验方法配制好水泥试样，放入数控低温保存箱中养护 24h、48h、72h，到指定养护龄期后拿出进行抗压试验测试，试验结果如图 5-10 所示。

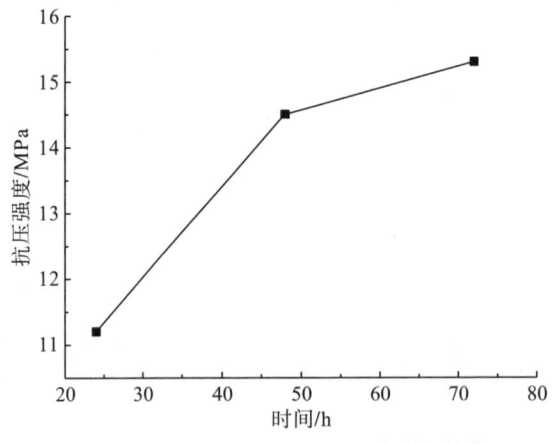

图 5-10　纳米复合水泥抗压强度增长趋势

　　从图 5-10 可得知，纳米复合水泥在数控低温保存箱中低温养护 24h 后，水泥结石抗压强度已达到 10MPa 以上；相同时间段水泥结石增长幅度不同，24h 到 48h 水泥结石抗压强度增大了 3.3MPa（达到 14.5MPa），48h 到 72h 水泥结石抗压强度增大了 0.8MPa（达到 15.3MPa），由此也可以证明，复合水泥前期水化硬化速度较快，随着时间延长而减缓，图中表现为前段趋势线斜率大于后段，说明在相同时间段内，前一段时间相比于后一段时间抗压强度增长幅度大。根据抗压强度增长趋势图可知，纳米复合水泥的抗压强度满足钻探护壁要求。

5.2.5　低温水化过程

　　基于宏观性能评价、微观特征分析及水化热分析（图 5-11～图 5-13），构建了纳米复合水泥的低温水化过程模型，如图 5-14 所示。

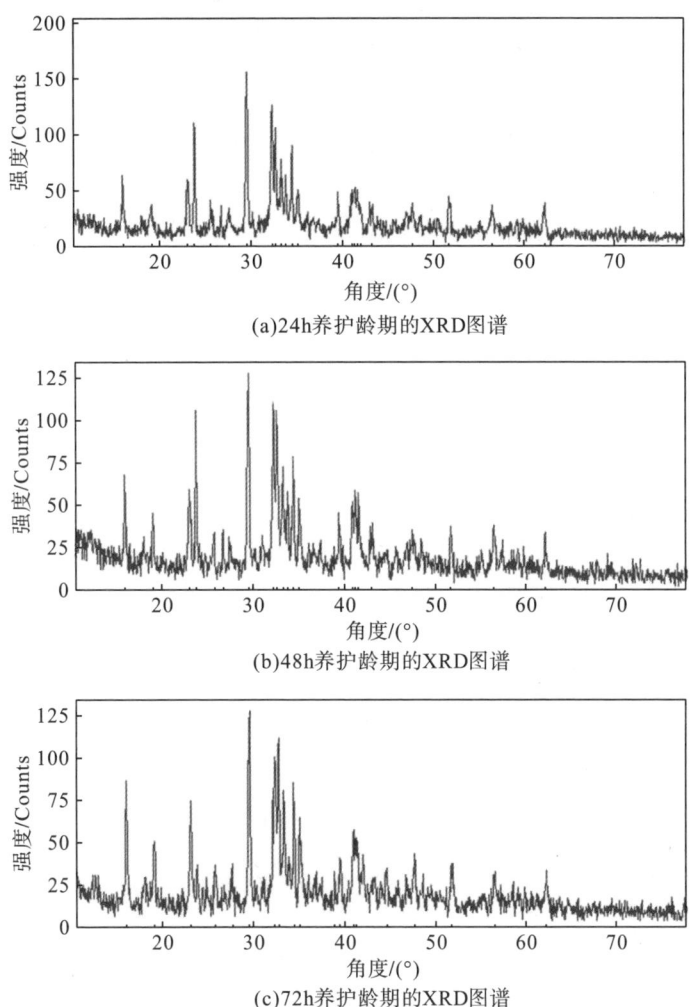

(a)24h养护龄期的XRD图谱

(b)48h养护龄期的XRD图谱

(c)72h养护龄期的XRD图谱

图 5-11　纳米复合水泥基护壁堵漏材料 XRD 衍射分析

(a)24h养护龄期的SEM图(×3000倍)　　　(b)48h养护龄期的SEM图(×3000倍)

(c)72h养护龄期的SEM图(×3000倍)

图 5-12　纳米复合水泥基护壁堵漏材料结石体的 SEM 图

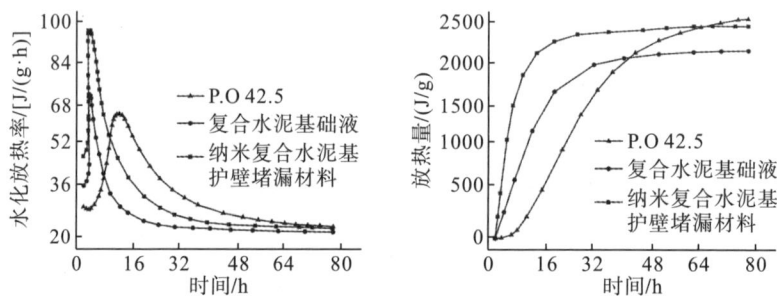

图 5-13　纳米复合水泥基护壁堵漏材料水化热分析

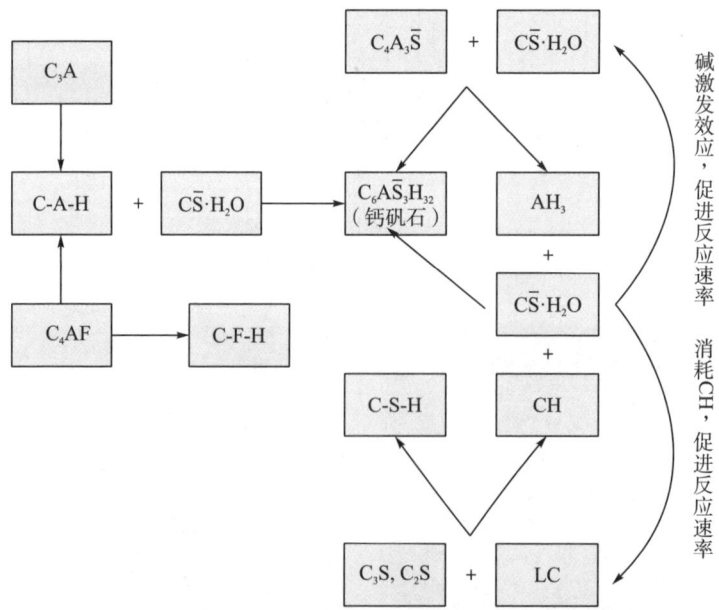

图 5-14　纳米复合水泥基护壁材料低温水化过程模型

纳米复合水泥加水拌和后进入短暂的初始水解期，硫铝酸钙($C_4A_3\bar{S}$)与石膏($C\bar{S}\cdot H_2O$)迅速反应生成钙矾石(AFt)，由于熟料中硫铝酸钙含量较高，反应剧烈，因此水化前期没有表现出明显的诱导期。

随后铝酸三钙(C_3A)和铁铝酸四钙(C_4AF)先后反应生成水化铝酸三钙(C-A-H)和水化铁酸钙(C-F-H)，水化铝酸三钙与石膏反应生成钙矾石，进一步增加钙矾石的数量。

同时早强剂 LC 促进硅酸三钙(C_3S)、硅酸二钙(C_2S)水化形成水化硅酸钙(C-S-H)和氢氧化钙(CH)，水化硅酸钙几乎不溶于水，生成后立即以胶体微粒析出，逐渐凝聚成为凝胶体。

随着产物中氢氧化钙含量增多，浓度增大，提高了浆体的碱度，从而产生了"碱激发"效应，使硫铝酸钙的水化反应进一步加快。另外，氢氧化钙同时参与反应生成钙矾石，此反应消耗氢氧化钙，进一步加快硅酸三钙和硅酸二钙的水化反应速率，因此硫铝酸钙与硅酸三钙在水泥水化的初始阶段可以相互促进水化，这就形成了纳米复合水泥独有的水化协同效应。

5.3　惰性材料-智能凝胶复合堵漏材料

5.3.1　惰性堵漏材料试验

对惰性材料的堵漏性能进行系统评价，优选适宜的惰性堵漏材料类型与配比。

1. 单一堵漏材料

结合定向钻探对堵漏材料的实际要求，对多种惰性材料的堵漏性能进行了实验，实验结果如表 5-15 所示。

表 5-15　单一堵漏材料堵漏性能

配方	模拟漏失类型	最大封堵尺寸/mm	最大承压/MPa	备注
基浆+1%果壳		3	>5	缝宽 3mm，5MPa 时能封堵
基浆+1%锯末		1	1	缝宽 1mm，4MPa 时能封堵，漏失量大
基浆+1%棉籽壳	裂缝	1	1	缝宽 1mm，5MPa 时能封堵，漏失量很大
基浆+1%谷壳		<1	—	缝宽 1mm，1MPa 时不能封堵
基浆+1%玻璃纤维		<1	—	缝宽 1mm，1MPa 时不能封堵

由表 5-15 看出，对于模拟裂缝的缝板，加量都在 1%时，果壳具有较好的堵漏效果，且承压能力较大，能够封堵 3mm 的缝隙。锯末、棉籽壳能堵住 1mm 的裂缝，但承压能力较低。而谷壳和玻璃纤维在单独使用时则不能堵住裂缝性地层。果壳之所以堵漏效果好，是因为其材质坚硬且有良好的级配，因此在实际选用堵漏材料时也需要注意此特点。

2. 两种堵漏材料复合

已有实验研究及现场经验均表明，多种材料在相互配合时其堵漏效果往往比单一某种材料的堵漏效果好。为了探索多种堵漏材料的优化配合比，选用常用的桥接材料进行了不同配比的实验研究。可知，果壳对于裂缝性地层具有较好的堵漏效果，承压能力也较高，但对于孔洞性地层堵漏效果不佳。而锯末则相反，对于裂缝性地层堵漏效果不好，但对于孔洞性地层，则能够封堵，且承压能力较强。因此，对果壳和锯末进行复合堵漏，综合两者性能，分析其堵漏效果，并与其单一堵漏效果相比较。果壳和锯末复合后堵漏效果如表 5-16 所示。

表 5-16 两种材料配合使用堵漏实验结果

果壳/%	锯末/%	模拟漏失类型	最大封堵尺寸/mm	漏失量/mL				
				1MPa	2MPa	3MPa	4MPa	5MPa
1	—	裂缝	3	342	390	371	602	910
2	—			153	167	180	205	340
3	—			125	110	95	180	300
1	1			380	238	300	455	595
1	2			270	300	300	360	450
2	1			150	225	320	570	450
1	—	裂缝	4	全漏	—	—	—	—
2	—			全漏	—	—	—	—
3	—			520	1180	全漏	—	—
1	1			3100	全漏	—	—	—
1	2			2820	全漏	—	—	—
2	1			2980	全漏	—	—	—

由表 5-16 看出，对于模拟裂缝性地层的堵漏实验来说，将果壳和锯末复合后的堵漏效果还不如通过增加果壳含量达到的堵漏效果好。对于 3mm 的缝板，果壳的含量增加到 3%以后，在 5MPa 以下，漏失量都在 200mL 以内，但将果壳和锯

末复合后，增大果壳或锯末的量，漏失量大都在 200~500mL 之间。而对于 4mm 的缝板，当果壳含量增加到 3%后能够封堵，且能承受 2MPa 的压力，但将果壳、锯末复合后虽然能封堵 4mm 的缝板，但与加量为 3%的果壳的堵漏浆液相比，漏失量较大，且只能承压 1MPa。

3. 三种堵漏材料复合

通过单一材料及两种材料的复合实验，了解了各种材料的堵漏性能及特点，虽然两种材料的复合在某些情况下比使用单一堵漏材料能够取得更好的效果，但是仍然存在着一些不足。因此，通过实验将三种材料进行复合堵漏，评价其堵漏效果，三种材料复合堵漏效果如表 5-17 所示。

表 5-17　三种材料配合使用堵漏实验结果

样品编号	果壳/%	棉籽壳/%	锯末/%	模拟漏失类型	最大封堵尺寸/mm	漏失量/mL				
						1MPa	2MPa	3MPa	4MPa	5MPa
1	1	1	1			370	430	810	1260	950
2	2	1	1			240	205	550	880	640
3	1	1	2	裂缝	3	430	750	820	410	650
4	1	2	1			460	780	360	1210	1520
5	2	1	2			1050	1520	840	2310	1670
6	1	2	2			1310	870	1610	1050	1230
1	1	1	1			3230	全漏	—	—	—
2	2	1	1			2670	全漏	—	—	—
3	1	2	1	裂缝	4	2430	全漏	—	—	—
4	1	1	2			全漏	—	—	—	—
5	2	1	2			3410	全漏	—	—	—
6	1	2	2			全漏	—	—	—	—

由表 5-17 看出，将果壳、棉籽壳、锯末复合堵漏后，对于 3mm 的缝板来说，棉籽壳含量越高，漏失量越大。相比较来说，样品 2 和样品 3 进行堵漏时漏失量较低，平均漏失量分别为 503mL 和 612mL，但与果壳、锯末两种材料的复合堵漏及单独加入果壳时的堵漏效果相比，漏失量仍较高。对于 4mm 的缝板，加入棉籽壳后堵漏效果都不佳，要么无法封堵，要么只能承压 1MPa。

通过以上分析，果壳对裂缝堵漏效果较好，材料在具有良好的级配条件下具有较好的封堵效果，而且材料的尺寸应与裂缝大小相匹配。优选出果壳、锯末、棉籽壳的最优组合为果壳 1%+锯末 2%+棉籽壳 1%。

5.3.2 智能凝胶试验

1. 黏度试验

黏度是流体分子内摩擦力大小的宏观度量，也是其流动性优劣的度量。进行智能凝胶的黏度试验，将有助于对智能凝胶不同时间的流动性能进行评价，有利于指导现场应用工艺。智能凝胶的黏度试验包括漏斗黏度试验和表观黏度试验。

1）漏斗黏度试验

将 1.5%智能凝胶搅拌 1min 之后测试漏斗黏度，测试完毕后继续搅拌，5min 之后，再次测试凝胶漏斗黏度。测试完毕后将智能凝胶浆液搅拌均匀静置，分别在 10min、30min 及 60min 的时候测试凝胶漏斗黏度。测试结果列于表 5-18。

表 5-18　智能凝胶漏斗黏度试验记录表

时间/min	1	5	10	30	60
漏斗黏度	14.8s	15.5s	24s	45s	超过40min

表 5-18 的试验结果表明，30min 之内，智能凝胶的黏度逐渐增大，配制好的智能凝胶超过 30min 之后已经很难流动。智能凝胶静置 60min 后进行漏斗黏度测试，智能凝胶呈滴流状态，此时进行智能凝胶的漏斗黏度测试已没有意义。

将放置 72h 的凝胶、放置 4h 的凝胶和放置 1h 的凝胶进行对比，结果如图 5-15 所示。

(a)　　　　　　(b)　　　　　　(c)

图 5-15　不同放置时间的凝胶

其中图 5-15(a)为 72h 后的凝胶黏附在烧杯上的现象,烧杯内部黏附大量凝胶物质,且很难流动;图 5-15(b)为 4h 后的凝胶黏附于烧杯的现象,烧杯内壁上黏附有少量凝胶物质;图 5-15(c)为 1h 后的凝胶黏附于烧杯的现象,烧杯内部几乎没有凝胶物质黏附,可见此时,凝胶的黏附性还较小。3 个不同时间黏性的对比也可以反映出智能凝胶黏附性变化的时间特性。

2) 表观黏度试验

将 1.5%智能凝胶搅拌均匀后静置,静置 1min、5min、10min、30min、60min及 90min 时测试智能凝胶旋转黏度。测试结果绘制成折线图,见图 5-16。

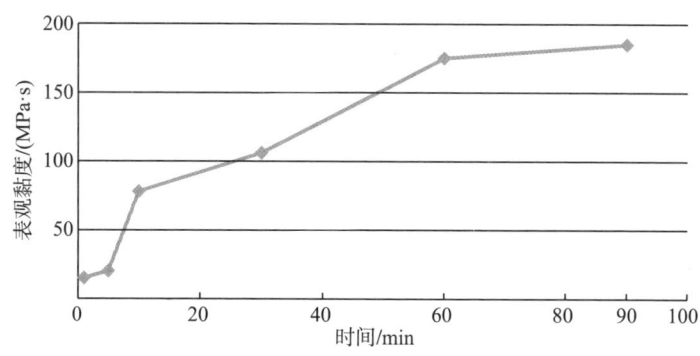

图 5-16　表观黏度变化趋势图

由图 5-16 看出,60min 以内,智能凝胶的表观黏度逐渐增大,可以认为这一阶段为智能凝胶高分子之间逐渐建立空间网架结构的阶段;90min 时,表观黏度与 60min 时基本相当,可以认为智能凝胶高分子聚合物分子之间已经建立了相对稳定的空间网架结构。

2. 流动度试验

在地质岩心钻探中,泥浆泵能力有限,如果智能凝胶的流动度过小,凝胶就难以泵入孔内,一般认为流动度小于 14cm 时即不具有可泵性,因此很有必要对智能凝胶的流动性的时间特性进行测试。

将配置好的凝胶倒满容器,将容器拿起,凝胶向四周流动,测量凝胶流动形成的区域的直径,用平均直径大小来表示凝胶的流动性能。试验数据折线图如图 5-17 所示。

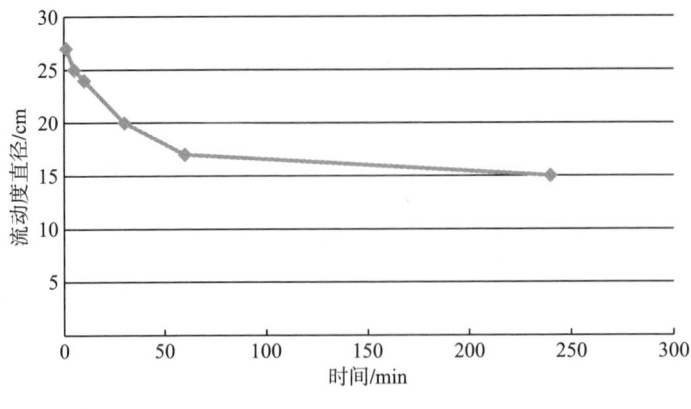

图 5-17　流动度折线图

由图 5-17 看出，60min 以内，智能凝胶的流动度减小比较明显，60min 后流动度曲线逐渐趋于水平。4h 后其流动度已接近 14cm，可以认为此时的智能凝胶已经很难泵入孔内。

3. 凝胶强度试验

用静切力来评价智能凝胶的凝胶强度，将智能凝胶搅拌均匀后静置，分别在1min、5min、10min、30min、60min、90min、4h 和 24h 后测试凝胶的旋转黏度。凝胶的静切力变化折线图如图 5-18 所示。

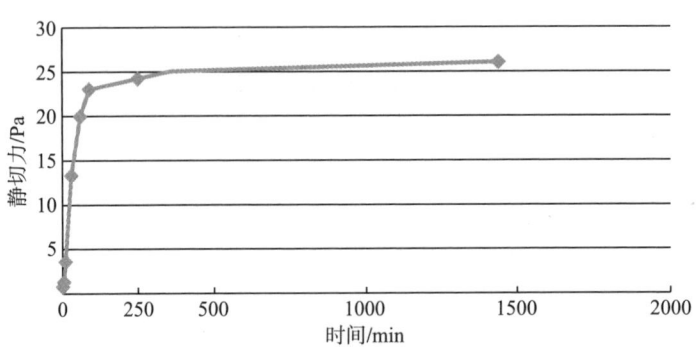

图 5-18　智能凝胶静切力变化折线图

由图 5-18 可以看出，90min 之内，智能凝胶的强度急剧增长，可以认为这一阶段是智能凝胶内部空间网架结构建立的过程。90min 之后，智能凝胶的静切力增长减缓，4h 后智能凝胶的静切力基本保持稳定。

4. 强度稳定性试验

智能凝胶不仅要具有一定的结构强度，而且须保持强度的稳定，才能保证已进行堵漏作业的孔段不发生二次漏失。因此有必要对智能凝胶强度的长期稳定性进行测试，以评价智能凝胶在不同时间下的强度特性。

用静切力来评价智能凝胶强度，将智能凝胶配制好以后静置，在不同的时间对凝胶强度进行测试。凝胶的强度变化折线图如图 5-19 所示。

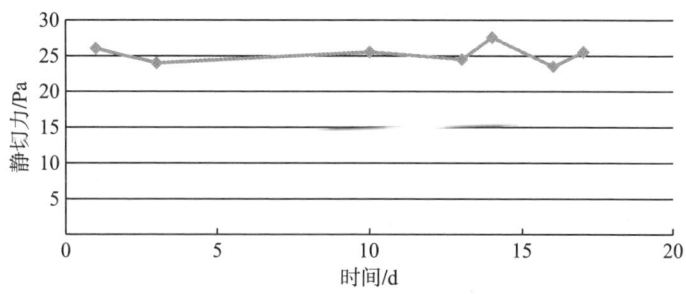

图 5-19　智能凝胶强度变化折线图

由图 5-19 看出，智能凝胶强度基本保持在 25Pa 左右，其结构强度形成之后，并没有大幅度减小的情况。可以认为，智能凝胶后期的结构强度基本保持稳定。

5.3.3　惰性材料-智能凝胶复合堵漏材料性能

1. 惰性材料级配及加量的确定

用惰性材料进行堵漏，主要是根据架桥原理来实现的。作为"架桥剂"的颗粒状桥接堵漏材料，在通过地层中漏失通道时，能在其凹凸不平的粗糙表面及狭窄部位产生挂阻并"架桥"。由于颗粒状材料材质硬、力臂短、应力分散，因此一旦"架桥"，就具有相当强的抗压能力。"架桥"作用形成以后，仅仅形成了封堵漏失通道的基本骨架，漏失通道由大变小，由小变微，但还没有彻底消除漏失通道的相互连通。这时，堵漏浆液中的纤维状材料和细颗粒材料，在压差的作用下对"桥架"中的微小孔道和地层中的原有小裂缝进行嵌入和堵塞，从而完全消除孔漏，达到堵漏的目的。

要达到良好的堵漏效果，不同的材料之间应形成良好的级配关系，颗粒状、片状和纤维状堵漏材料之比一般为 5：2：1。本次堵漏所使用的材料有以下几种：核桃壳、DTR、GDJ-Ⅳ、SRFL-101 和 PCC，其中除了 PCC 是纤维状堵漏材料，其他材料属于颗粒状堵漏材料。在材料加量方面，一般材料的加量应控制在 7%

以内,因为单一规格材料的加量在5%时,已能较大限度地发挥其堵塞能力,加多了会造成施工困难和堵剂的浪费。因此开始实验时,惰性材料 DTR、GDJ-Ⅳ和 SRFL-101 的加量均为 5%,由于所使用的惰性材料中没有片状惰性材料,因此考虑加大纤维状惰性材料的用量,PCC 的用量加大为 10%。另外,由于孔内漏失孔隙的大小难以确定,考虑加大起到架桥作用的核桃壳的用量,但又考虑到核桃壳加量过大可能会造成 BW-320 泥浆泵卡泵,最终将核桃壳的加量设为 7.5%。

　　由于堵漏所使用的各种堵漏材料的粒径各不相同,只有当惰性材料之间形成良好的级配关系之后,堵漏浆液才能发挥良好的堵漏效果。下面从惰性材料的颗粒级配方面来验证惰性材料配方的合理性。各种堵漏材料的加量为核桃壳 7.5%、PCC 10%、DTR 5%、GDJ-Ⅳ 5%、SRFL-101 5%,惰性材料的总加量为 32.5%。根据材料的粒径对几种不同的惰性材料进行分析。统计结果如表 5-19 所示。

表 5-19　惰性材料粒径分布表

材料名称	粒径范围/mm	某粒径范围的材料占该种材料的质量分数/%	该材料占总惰性材料的质量分数/%	某粒径范围的惰性材料占总惰性材料的质量分数/%
核桃壳	4~5	25	23.07	5.76
	3~4	35		8.07
	2~3	40		9.24
SRFL-101	0.75~2	28.6	15.38	4.40
	0.15~0.75	38.0		5.84
	0.075~0.15	14.4		2.21
	<0.075	19.0		2.93
PCC	0.75~2	20	30.79	6.16
	0.15~0.75	60		18.47
	0.075~0.15	10		3.08
	<0.075	10		3.08
GDJ-Ⅳ	0.15~0.75	70	15.38	10.76
	0.075~0.15	20		3.08
	<0.075	10		1.54
DTR	0.075~0.15	60	15.38	9.23
	<0.075	40		6.15

根据惰性材料的粒径将粒径范围相同的合并，做出惰性材料粒径分布的柱状图如图 5-20 所示。

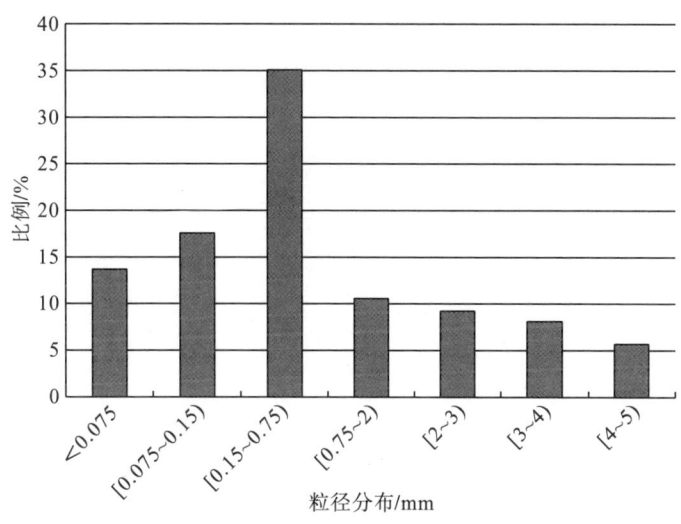

图 5-20 惰性材料粒径分布图

由图 5-20 看出，惰性材料颗粒的大小集中在 0.075～0.75mm 段，这一粒径范围内的惰性材料占总惰性材料质量分数的 52.67%，粒径小于 0.075mm 的颗粒只占到质量分数的 13.7%，大于或等于 0.75mm 的颗粒占到 33.63%。从图 5-20 中可以看出，惰性材料的粒径分布总体呈现出近似正态分布的特征，说明惰性材料之间的搭配是相对合理的。

2. 惰性材料复合智能凝胶室内实验

进行室内堵漏实验时，使用的仪器是 DL-2 型堵漏仪(图 5-21)，它的料筒容积为 4000mL，模拟工作压力为 0～7MPa，测堵深度为 0～77mm。实验采用 4mm 和 14mm 两种规格的钢珠来模拟漏失地层的裂隙大小，根据三球相接的架桥模型，两种钢珠模拟的漏失地层裂隙分别为 0.6mm 和 2.1mm。图 5-22 为 4mm 和 14mm 钢珠组成的弹子床。

在使用惰性材料和智能凝胶复合堵漏之前先单独使用两种材料进行堵漏实践，然后再将两种材料复合使用，以探索惰性材料和智能凝胶单独使用和复合使用时的堵漏效果，这样可以进行针对性的比较，确定比较好的堵漏方案。进行室内实验之后的实验效果见表 5-20。

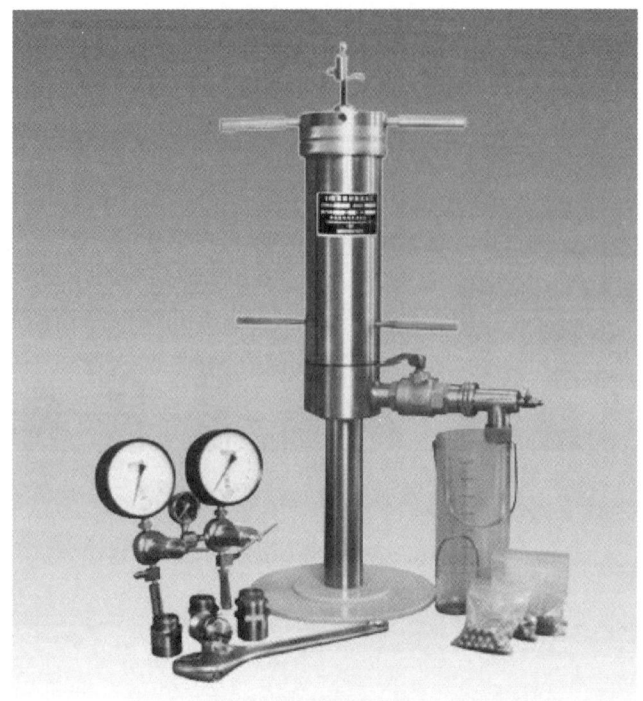

图 5-21　DL-2 型堵漏仪

图 5-22　4mm 和 14mm 钢珠组成的弹子床

表 5-20　堵漏实验效果

实验编号	实验配方	模拟漏失环境	堵漏效果
1	智能凝胶：1.5%	模拟漏层的钢珠直径 4mm(可模拟 0.6mm 漏层)	无压力条件下，微漏 0.5MPa 压力条件下迅速漏失
2	核桃壳：7.5%；PCC：10%；DTR：5%；GDJ-Ⅳ：5%；SRFL-101：5%(各材料的加入量为水的质量分数)	模拟漏层的钢珠直径 14mm(可模拟漏层为 2.1mm)，铜板裂缝 3mm	无压力条件下：微漏 1MPa 压力条件下：漏失量增大 2MPa 压力条件下：水短时间内全部漏失
3	核桃壳：7.5%；PCC：10%；DTR：5%；GDJ-Ⅳ：5%；SRFL-101：5%	模拟漏层的钢珠直径 4mm(可模拟 0.6mm 漏层)，铜板裂缝 1mm	无压力条件下：微漏 1MPa 压力条件下：漏失量增大 2MPa 压力条件下：漏失量继续增大 3MPa 压力条件下：水短时间内全部漏失
4	核桃壳：7.5%；PCC：10%；DTR：5%；GDJ-Ⅳ：5%；SRFL-101：5%；智能凝胶(ZND-2)：1.5%。加入智能凝胶后搅拌 30min	模拟漏层的钢珠直径 4mm(可模拟 0.6mm 漏层)，铜板裂缝 1mm	无压力条件下：无漏失 1MPa 压力条件下：滴漏 2MPa 压力条件下：滴漏 3MPa 压力条件下：滴漏 4MPa 压力条件下：滴漏 5MPa 压力条件下：不漏 6MPa 压力条件下：不漏
5	核桃壳：7.5%；PCC：10%；DTR：5%；GDJ-Ⅳ：5%；SRFL-101：5%；智能凝胶(ZND-2)：1.5%。加入智能凝胶后搅拌 30min	模拟漏层的钢珠直径 14mm(可模拟漏层为 2.1mm)，铜板裂缝 3mm	无压力条件下：无漏失 1MPa 压力条件下：滴漏 2MPa 压力条件下：滴漏 3MPa 压力条件下：滴漏 4MPa 压力条件下：滴漏 5MPa 压力条件下：不漏 6MPa 压力条件下：不漏

由表 5-20 看出，单独使用智能凝胶和单独使用惰性材料进行堵漏时效果都不理想。单独使用智能凝胶时，虽然无压力条件下泥浆不易漏失，但稍施加压力智能凝胶便迅速漏失，其承压能力小于 0.5MPa，进行现场应用时会因为承压能力不足而迅速漏失。单独使用惰性材料时，其承压能力虽然比智能凝胶好，但当压力超过一定值时也会出现承压能力不足而再次漏失的情况。而当智能凝胶和惰性材料复合使用时，其堵漏效果和承压能力都有很大的提高，其承压能力可以达到 7MPa，在逐渐增压的过程中也没有出现漏失的情况。

智能凝胶复合惰性材料对漏层进行封堵时，一些大颗粒的惰性材料(如核桃壳等)在漏层表面架桥，对漏层进行初步封堵，同时，在孔内水压力的作用下，智能凝胶包裹着一些小颗粒的堵漏材料进入漏层深部，由于智能凝胶具有良好的黏弹性，同时借助惰性材料架桥作用，智能凝胶可以牢牢地黏附在漏失通道上，阻止泥浆进一步漏失，从而达到良好的堵漏效果。复合堵漏材料有效地解决了超千米水平定向孔钻进中严重漏失地层的钻孔堵漏。

第6章 定向钻探工艺与综合测试

为支撑复杂地层超长水平孔绳索取心高效钻进，主要开展超长水平孔绳索取心钻进方法和超长水平孔绳索取心钻进工艺两方面研究。超长水平孔绳索取心钻进方法主要包括钻孔结构设计、取心钻具组合、取心钻头与扩孔器优选和取心钻进参数等；超长水平孔绳索取心钻进工艺主要包括水平（仰斜）绳索取心钻进流程、水平（仰斜）绳索取心操作、孔内复杂情况操作、泥浆护壁措施、水平防斜与测斜措施和孔内事故预防与处理工艺六个方面。

6.1 复杂地层超长水平孔绳索取心钻进工艺

6.1.1 超长水平孔绳索取心钻进方法

为保障工程的顺利实施和取得预期成果，详细收集前期地质工作资料，按照总体方案的技术要求，详细编制钻探工程施工方案，可适当调整和修改，具体方案如下。

1. 钻孔结构设计

超长水平孔钻探一般采用三开孔身结构，预留四开结构。所有开次尽量向深钻进，钻井困难才能更换口径和开次。

(1) 一开采用 Φ145mm 提钻取心钻进，采用加长岩心管＋扩孔器防斜，取心钻进穿过覆盖层，下 Φ139.7mm 套管，固井，安装孔口装置。

(2) 二开采用 Φ122mm 绳索取心钻进，Φ114mm 绳索取心钻杆，取心钻进至 500～600m，封隔前部涌水段，本开次施工结束后，将 Φ114mm 钻杆留在孔内作为套管。

(3) 三开采用 Φ95.5mm 绳索取心钻进，Φ91mm 绳索取心钻杆，取心钻进至终孔。本开次施工结束后将 Φ91mm 钻杆留在孔内作为套管。

(4) 四开（备用口径）：在遇到孔内复杂情况下，Φ95.5mm 口径绳索取心钻进难以至终孔时，可以采用 Φ75.5mm 口径继续取心钻进至终孔。

2. 取心钻具组合

一开孔口管取心钻进：Φ145mm 钻头＋Φ145.5mm 扩孔器＋3 根×Φ139.7mm 岩心管＋变径接头＋Φ139.7mm 钻杆。

二开绳索取心钻进：Φ122mm 钻头＋Φ122.5mm 扩孔器＋3m 钻具外管＋弹卡室＋122.5mm 扶正器＋Φ114mm 绳索钻杆。

三开绳索取心钻进：Φ95.5mm 钻头＋Φ96mm 扩孔器＋3m 钻具外管＋弹卡室＋Φ96mm 扶正器＋Φ91mm 钻杆。

四开绳索取心钻进：Φ75.5mm 钻头＋Φ75.8mm 扩孔器＋4m 钻具外管＋弹卡室＋Φ75.8mm 扶正器＋Φ71mm 钻杆。

若钻遇坚硬完整地层时，可以实时增加液动锤，提高钻进效率。

3. 取心钻进工艺

1) 钻头的选择

根据施工区岩石硬、研磨性强和以往在勘查施工方面的一些经验，拟全部选用人造孕镶金刚石钻头，其直径为 Φ145mm、Φ122mm、Φ95.5mm、Φ75.5mm。为了保证岩心采取质量，重点对主打钻头 Φ122、Φ95.5、Φ75.5mm 选型。岩石硬度为 5～6 级，以砂板岩为主，层理发育，岩石研磨性强，其主要钻头选型见表 6-1。

表 6-1　金刚石钻头选择表

序号	钻头			性能参数					
	名称	外径/mm	内径/mm	胎体硬度 HRC	工作层厚度/mm	水口数	金刚石规格		
							品级	粒度/目	浓度/%
1	孕镶钻头	Φ75.5	Φ46	25～30	8	8	优	36～60	100
2	孕镶钻头	Φ95.5	Φ61	25～30	8	10	优	36～60	100
3	孕镶钻头	Φ122	Φ85	30～35	8	12	优	36～60	100
4	孕镶钻头	Φ145	Φ130	35	5	12	优	36～60	100

2) 扩孔器的选择

采用聚晶扩孔器，其配置见表 6-2。

表 6-2 扩孔器配置表

扩孔器外径/mm	刚体			丝扣						螺距/mm
	外径/mm	内径/mm	长度/mm	内螺纹(岩心管)/mm			外螺纹(钻头)/mm			
				大径	小径	长度	大径	小径	长度	
75.8	74	61	150	68	66.5	40	68	66.5	39.5	6
96	93	80	165	86	84.5	45	86	84.5	44	6
122.5	118	102	180	112	110	60	112	110	59	8

3) 钻进参数

一般来说，在一定范围内钻速是随钻压的增大而增加的，但它们因孔底碎岩机理的不同而有所不同。过大的钻压使金刚石消耗量急剧增大，而且还会导致钻速下降。另外绳索取心钻头唇面较大，需要的钻压适当要大一些，金刚石取心钻进要求钻头有足够高的转速来达到高效率钻进的目的，但是水平孔钻进钻杆与孔壁的摩擦力大，过高的转速需要高功率，而且对钻杆的损伤大，水平钻孔时，除满足钻头的合理出刃，还要考虑钻杆柱的重力、钻孔地质资料和钻孔深度，高转速会使钻杆磨损严重，所以选择钻机的转速随着钻孔深度的增加适当地降低转速。泥浆量大，则孔内比较干净，钻孔轨迹在重力作用下将有下斜的趋势；泥浆量小，则孔内可能产生岩屑的堆积物，产生岩屑桥，使钻孔轨迹向上偏斜；地层岩性比较稳定，而泥浆量又适中时，有利于钻孔的保直钻进。泵送和打捞内管总成时，为了提高效率，泥浆泵的泵量适当调大。

(1) 转速的控制。

岩心钻探大多采用金刚石钻头，而转速是影响金刚石钻进效率的主要因素之一，要充分发挥金刚石钻头的钻进效率，推荐表镶金刚石钻头的线速度为 1.0～2.0m/s，孕镶金刚石钻头的线速度为 1.5～3.0m/s。

(2) 钻压的选取。

垂直钻孔大部分钻进过程都采用减压钻进，大部分钻杆柱受拉力，不易弯曲，利于控制孔斜，水平孔所需钻压大部分需要钻机加压来提供，钻杆受压，很难控制钻孔的直线度，尤其是在破碎或者松软地层更易造成孔斜。水平孔钻进时，为了保持钻孔的平直，常用措施如下：适当减小给进力，在易钻地层控制在 10～12kN，对个别坚硬、复杂地层，控制在 12～15kN；适当减小钻头的唇面面积，为了降低钻头所需钻压，减小孔斜发生的概率。

(3) 泥浆量。

根据水平孔工况，泥浆量除了具有挟带岩削、冷却钻头、润滑钻具和保护孔壁的作用，还会影响到钻孔的轨迹。泥浆量大，则孔内较干净，在重力作用下钻孔轨迹将有下斜的趋势；若泥浆量小，孔内残留岩屑的堆积物，使得钻孔轨迹向上偏斜；若泥浆量适中，地层岩性也比较稳定，则有利于钻孔的保直钻进。以 NQ系列钻具为例，钻孔泥浆量一般控制在 60L/min 左右。

如水平定向试验示范工程(DZ-定向试验-01 孔)的取心钻进参数：钻压 5～15kN，转速 150～500r/min，泵量 155L/min。

6.1.2　超长水平孔绳索取心钻进工艺

1. 水平(仰斜)绳索取心钻进流程

下钻→水力投送内管→取心钻进→投送内管打捞器→打捞内管→拆卸内管→取心作业，重复上述取心钻进步骤。

水平绳索取心钻进流程如图 6-1 所示。

(a)下钻—投送内管　　　　　　　　　(b)取心钻进

(c)投送内管打捞器　　　　　　　　　(d)打捞内管

(e)拆卸内管　　　　　　　　　　　　(f)取心作业

图 6-1　水平绳索取心钻进流程

2. 水平(仰斜)绳索取心操作

(1)绳索取心钻具配备。①现场配制 2 套取心钻具，即 2 套外管总成(包括弹卡室、弹卡挡头及悬挂环)、2 套内管总成(包括卡簧座、卡簧)；②检查钻具丝扣、尺寸、弹卡等外观，看是否有损坏、变形，加注黄油，上紧丝扣；③检查卡簧内径，调整配合间隙，卡簧自由内径比钻头内径小 0.5~1mm。④调整卡簧座与钻头内台阶间隙，一般为 3~5mm。尤其是弹卡室与弹卡、悬挂环与悬挂槽、卡簧座与钻头内台阶三者的配合尺寸。

(2)起下钻作业。①检查钻杆外观、丝扣，看有无丝扣损坏、钻杆变形；②上扣时，先扶正对扣，涂抹丝扣油，再缓慢上紧；③下钻遇阻时，上提钻具，开泵循环，回转钻具，消除阻力后，继续下钻；④下钻至孔底 30~50m 时，逐段循环到底，避免钻具到底时，泵压高或憋泵。

(3)内管投送操作。①投送时间控制。同样的泵量，统计每次投送内管时间，泵送时间尽量长一点。②低速回转，上下活动钻具，内管在钻杆内下行运动，因钻孔弯曲或钻杆内不规则，内管总成运行阻卡，通过钻杆回转或上下活动，便于内管到位，也有利于孔内排砂。③触摸钻杆感觉。当内管到位时，用手触摸钻杆是否感觉到内管到位震击。④观察泥浆泵柴油机声音和泵压变化，当内管投送到位时，泵压升高，柴油机负荷变大，声音变大；泥浆泵压力表灵敏度要高，仔细观察内管和打捞器到位后压力表的变化。

(4)打捞内管操作。①先检查内管打捞工具，看打捞工具是否完好，捞矛头是否灵活。②检查送绳器密封圈是否磨损；投下内管打捞工具，连接送绳器，绞车为自由状态；③开泵，依靠泵压推动打捞器下行，随时观察绞车运行状态，避免钢丝绳不同步拉断；④当打捞器不下行时，开动绞车，先慢慢启动，看是否捞住内管总成，再正常打捞内管；⑤每次打捞内管成功后，均在钢丝绳上做个标记，便于判断下次打捞位置。

(5)取心操作。①现场准备 2 套取心内管总成，检查单装置、弹卡机构是否完好，轴承注入黄油；②检查卡簧、卡簧座磨损情况，触摸卡簧，感觉磨损严重时及时更换；③当孔内的内管总成提上地面后，立即将另一套检修好的内管总成投入钻杆内，接上水龙头，开泵投送内管；④按岩心顺序将岩心摆放于岩心箱内，清洗岩心，按地质要求进行编录；⑤取心操作完成后，将内管总成保养好。

3. 孔内复杂情况操作

(1)泵压过高操作。①钻进泵压过高时，可以放慢进尺速度或停止进尺，一直开泵循环、回转钻具，当泵压下降时继续恢复钻进；②投送内管泵压过高时，回转钻具，上下活动钻具，及时排出孔内沉渣或岩粉；③投送打捞器泵压过高时，可以提出打捞器，循环冲洗液，当泵压下降后，再投送打捞器；④冲洗液的性能会影响投放内管和打捞器快慢的速度，甚至会造成投放失败，调节好冲洗液的性能是投送内管和打捞器的关键。

(2)孔内遇阻操作。①下钻遇阻时，上提钻具，开泵循环，回转钻具，当泵压正常时，继续下钻；②提钻遇阻时，立即停止提钻，接上动力头，开泵循环，回转钻具，消除阻碍后，继续提钻。

(3)防钻杆内掉心操作。①检查卡簧磨损情况，及时更换；②卡心后，再慢慢下放钻具归位，检查岩心是否全部卡住；③上下活动几次钻具(或干烧)，尽量将岩心卡牢。

(4)事故处理操作。①出现钻杆(具)脱扣或钻具断裂时，采用可退式打捞才打捞事故钻具；②当出现埋钻(烧钻)时，立即通知现场项目技术人员。

4. 泥浆护壁措施

1)护壁防塌性要求

根据前述施工区地层特点，地层以砂岩、板岩、断层角砾岩等为主，由于板岩通常具有明显的层理结构，伴随区域断裂发育，在钻进中受钻柱的回转敲击、起下钻抽吸等作用易发生沿层理面剥落坍塌，而断层角砾岩则会在泥浆的长时间浸泡下发生水化分散垮塌，造成孔内复杂情况，因此要求泥浆具有一定的防塌护壁功能。

2)具有较强的润滑性能

由于本钻孔为超长水平定向孔，随着钻进深度的增加，钻柱和孔壁之间会产生较大的摩擦阻力，而受此摩擦力的影响，会对正常钻进造成三个不良影响：一是导致钻压无法及时传递到钻头上，造成钻进效率大大降低；二是受摩擦阻力的影响，钻机的回转阻力也大大增加，加重了钻机负荷；三是加剧了钻具的磨损，造成钻具寿命大大降低。因此，在超千米水平钻孔施工中要求泥浆必须具有较强的润滑性能，降低摩擦阻力，提高钻进效率。

3)满足钻进工艺的要求

钻进工艺主要采用绳索取心钻进技术，对泥浆的各项性能要求较高，受钻具结构及环状间隙影响，需要泥浆保持较低的含砂量和较低的黏度，以降低对钻具的损耗及循环压耗。

4)环保性要求

本次钻进区域属于青藏高原生态环境脆弱区，要求钻井施工尽可能地降低对环境的污染，因此，要求泥浆各项处理剂具有一定的环保性，坚决杜绝泥浆处理剂使用有毒有害物质，同时对废弃泥浆处理也要满足环保要求。

5. 水平防斜与测斜措施

1) 防斜稳斜措施

孔斜产生原因：一是地层原因，地层破碎，软硬互层，钻进与地层夹角(顶层进、顺层跑)；二是开孔和钻机固定；三是钻进参数，钻压大，孔口加压，易上漂；四是防斜保直钻进工艺。

为防止钻孔偏斜，主要采用以下技术措施。

(1) 固定钻机，把好开孔关。一是固定好钻机，钻机基础采用 C20 混凝土浇筑，深度 80cm，运用全站仪确定水平孔方位，采用 Φ32mm 电钻钻孔，插入 Φ25mm 螺纹钢(即锚杆)，锚固卷快速凝固固定，前后采用 8 根锚杆固定；钻机椼杆也采用类似方法固定。二是采用地质罗盘调平钻机角度($1°\sim1.5°$)。

(2) 加长粗径钻具，以刚保直。一开(开孔)全部采用 Φ139.7mm 钻杆提钻取心钻具，同径取心钻进至 48.0m，钻杆一直未变径，钻具刚性强度高，不易偏斜。一开钻进完成后，下入 Φ139.7mm 钻杆到孔底，并用 P.O 42.5 水泥固井，防止涌水和滑坡体共同作用使钻孔发生偏斜或报废。

(3) 减小环空间隙，以满保直。减小钻头与钻杆之间环空间隙，一开采用 Φ145mm 钻头，钻杆采用 Φ139.7mm，环空间隙比一般情况小，钻孔轨迹不易偏斜。其他 PQ、HQ 和 NQ 均采用标准的钻头和钻杆尺寸，没有增加钻头外径尺寸。

(4) 换径导向钻具防斜。一开、二开钻进完成后，换径时，采用导向钻进防斜措施。需要换径时，在下套管之前，在原有钻具前面连接 0.6～0.8m 的下一级钻具，轻压钻进 0.3～0.5m，为下一级钻进开好孔，再下套管。导向钻具见图 6-2。现场施工导向钻具如图 6-3 所示。

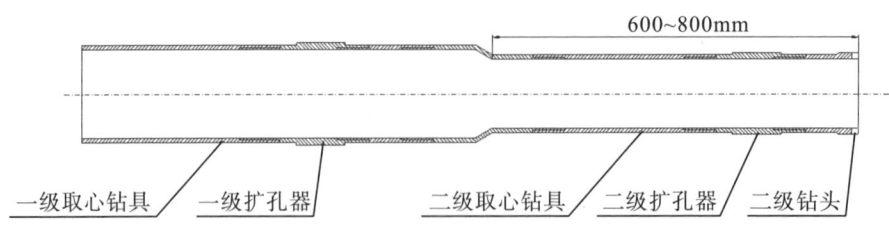

图 6-2　导向钻具

图 6-3　导向钻具防斜

（5）合适的钻进参数。采用高转速、低钻压钻进工艺参数。钻压采用 5～15kN，钻压较大时，地层坚硬，钻孔顶角一般会上漂，地层较软时，钻孔顶角一般会下沉。转速采用 150～500r/min，尽量采用高转速。在同一地层钻进时，三班钻进参数应保持一致，严禁随意改变钻进参数。不得盲目追求进尺而大压钻进。严控操作规程，钻压尽量不要过大。

（6）采用大直径钻杆防斜，钻杆直径越大，刚性好，防斜效果越好。

（7）取心钻头选用高胎体、胎体硬度低的钻头。

（8）必须保证孔内钻具的刚度和垂直度，不得将弯曲的钻具下入孔内。

（9）在 500m 以上每 50m 测斜一次，并将结果记录在班报表上。

2）测斜措施

目前在钻孔中，测斜仪器大多放在钻杆内，无法在钻杆内测出钻孔方位。水平孔测斜更加困难，仪器很难送到孔底。该水平孔采用中国地质调查局探矿工艺研究所自主研制的 CAV-1 型钻孔测斜仪（图 6-4）。该测斜仪采用三轴加速度计和三轴磁通门传感器作为测量元件，适用于无磁干扰的钻孔测斜，可同时测量钻孔顶角、方位角值，属于多点测斜仪。

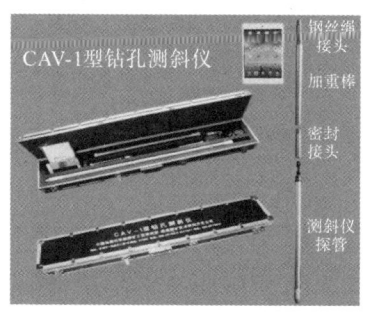

图 6-4　CAV-1 型钻孔测斜仪

　　该仪器采用锂电池供电、自动存储方式进行数据采集，取消了测井电缆的配置，开发的配套测斜软件是 Android 智能手机 APP；以蓝牙代替数据线实现测斜仪和智能手机间的无线通信传输，仪器具有精度高、可靠性好、重量轻、配套设备少和操作简便等优点。

　　主要技术指标：①顶角范围与精度：0°～180°±0.2°；②方位角范围与精度：0°～360°±2°（顶角＞3°）；③工作温度：−10～75℃；④耐水压：25MPa；⑤探管尺寸（不含附件）：Φ33mm×1000mm（外径×长度）

　　测斜仪的投送：该仪器为存储式钻孔测斜仪，无须电缆投送，对于水平钻孔，采用 3 种方式进行投送。

　　(1) 日常测斜时，不需要测方位，为节省时间，直接采用内管打捞装置将测斜仪投送至孔底。

　　(2) 需要同时测井斜和方位时，采用无磁铝合金杆件＋扶正器原理加长仪器长度，将测斜仪伸出钻具 1m 距离以外，避免磁性干扰。为防止仪器出钻具外收不回钻具内，增加扶正和限位装置。测斜仪加长投送装置如图 6-5 所示。

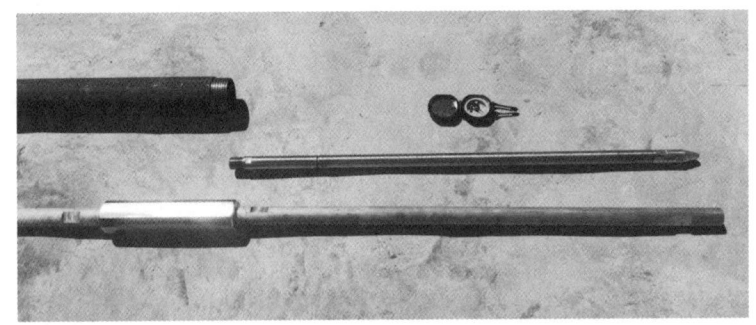

图 6-5　测斜仪加长投送装置

　　(3) 采用绳索钻杆＋无磁钻杆投送（图 6-6）。把测斜仪安装在无磁钻杆内，和钻具一起下入孔内测斜，利用自带蓄电池供电，测斜仪数据依靠安装的存储器读数。测斜仪在无磁钻杆内不能晃动，密封要好，不能让冲洗液进入无磁钻杆内。

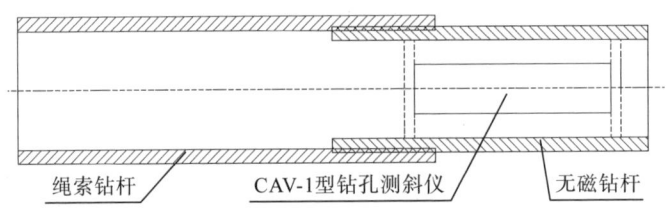

绳索钻杆　　　　CAV-1 型钻孔测斜仪　　　　无磁钻杆

图 6-6　测斜仪无磁钻杆投送

6. 定向钻孔内事故预防与处理工艺

1) 事故预防

对于地层条件十分复杂的钻探工程，要在钻探施工过程中完全避免孔内事故几乎是不可能的事情。任何事故的发生都有一定先兆，应采取"预防为主"的原则，同时建立应急预案，对可能出现的事故做好工具物资的充分准备。

(1) 加强钻探施工管理工作，检查入孔钻具，定期报废。肉眼看得见入孔钻具，采用"一看、二摸、三量测"；肉眼不好判断的入孔钻具，超过使用寿命的钻具定期报废。

(2) 采用合理的泥浆技术措施。泥浆是钻孔的"血液"，它具有挟带岩粉、冷却钻头、稳定孔壁、保护岩心等作用，具有抑制、防塌、封堵、润滑及抗污染等功能，应根据地层选用合理的泥浆体系。

(3) 严格遵守操作规程，严禁强拉及强放。起下钻要平稳，遇卡以下放为主，严禁强起硬拔；遇阻以上提为主，严禁强压；及时接动力头循环泥浆，上下扫孔，正常后继续起下钻。钻柱在裸孔段静停不允许过长。

2) 事故处理措施

第一步："通"。保持水路畅通，恢复泥浆循环；当出现卡钻时，首先接上动力头，开小泵量，尽量建立循环。

第二步："动"。活动钻具，上下拉压或扭转，以提拉为主，但不能强拉致死，严格遵守操作规程。

第三步："泡"。对于黏附卡钻，注入解卡剂或润滑剂，对卡钻部位进行浸泡，钻具下压 2/3 重量。

第四步："震"。震击器震击＋强力起拔。当发生掉块卡钻或缩径卡钻时，钻具掉入孔内，在钻柱上连接震击器、加速器和打捞矛进行孔内震击，解除卡钻后打捞出掉落钻具。

强力起拔时，可以采用液压油缸上顶，当起拔能力不够时，可以同时采用油缸起拔＋大绳起拔，通常水龙头不能承受过大拉力，必须配套可循环泥浆的蘑菇头，边循环边提拉。

第五步："倒"。人工倒扣或反扣。采用反丝钻杆前，先采用人工倒扣，减少反钻杆工作量。

第六步："套铣"。当事故钻具下部难以处理时，可采用扩孔至事故头，后套铣。

第七步："捞"（可退式打捞矛、震击器、安全接头、内外割刀等）。钻孔内出现断、掉钻具，采用可退式打捞矛进行打捞，尽量不要采用公锥和母锥打捞，根据绳索取心钻杆的不同规格配套三种可退式打捞矛。

第八步："侧钻""磨铣"。当下部钻具无法处理时，只能采用磨铣消灭掉，用磁铁打捞器进行打捞。或采用侧钻绕障绕过事故钻具。

6.2　定向钻探综合测井

6.2.1　综合测井

定向钻探综合测井主要采用中铁二院工程集团有限责任公司与上海地学仪器研究所共同研制的 JJSZ-1 随钻测井系统，其主要硬件组成如图 6-7 所示。

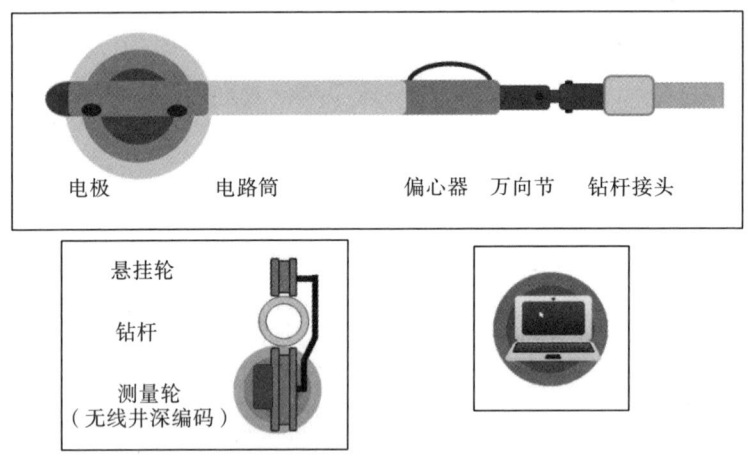

电极　　　　　电路筒　　　　　　偏心器　万向节　钻杆接头

悬挂轮

钻杆

测量轮
（无线井深编码）

图 6-7　JJSZ-1 随钻测井系统硬件组成

JJSZ-1 随钻测井系统是专为铁路隧道勘察和后期隧道施工中遇到的定向勘察钻孔和隧道超前钻探项目而特制的多参数组合测试系统。该系统可根据现场需求组合地层电阻率、自然伽马、地层声速、温度、井斜等测量参数和光学成像系统，野外实操随钻下井如图 6-8 所示。

该系统采用近端数字化测量技术，实时数字处理，增强可靠性的成果数据传输和保存方法；使用测量效率高，参数测量精度高，剖面分层精细。仪器安装在钻杆前端，通过钻机将仪器推入钻孔内，最大外径不超过现场钻杆直径，适用于各类勘察钻孔，可在高海拔和高寒地区使用，满足野外实际使用。

JJSZ-1 随钻测井系统的下井探头分为 JDSW-1 电阻率声波组合无缆测井仪和定向钻孔孔内光学成像仪两大部分。

图 6-8　JJSZ-1 随钻测井系统随钻下井示意图

1. JDSW-1 电阻率声波组合无缆测井仪

1) 工作原理

JDSW-1 电阻率声波组合无缆测井仪除了测试电阻率和声波，有放射性、井温测试等主要参数测试模块，亦可以选择加装井径、自然电位等辅助参数测试模块。

电阻率测井是基于不同岩层间的电阻率差异（即矿物和岩石的导电性的物理学基础）区分岩性，配合其他测井曲线划分岩层界面，确定岩层的电阻率，确定水的矿化度等。

声波测井是基于声波在岩层中传播速度的差异，测量沿钻孔剖面上岩层声学特性，即声波在岩石中传播、衰减的规律，借此来了解岩层、井壁的性质、判断岩性。

井下自然伽马射线强度取决于岩层中微量放射性元素的含量，通过测量井下自然伽马辐射强度，可以直接寻找放射性矿层、划分岩层、判断岩性、解释目的层厚、确定地层结构。自然伽马测井还经常用于环境辐射评估和监测中。

测量钻井内温度（通常是井液温度）及其沿井轴或井周的空间分布，是基础地学研究中获得深部地温梯度并计算地热流值的重要手段，是隧道建设防控高温热害所需地下温度资料的重要来源，也被用来划分含水层位和分析补给关系。

JDSW-1 电阻率声波组合无缆测井仪内部电路设计原理见图 6-9。

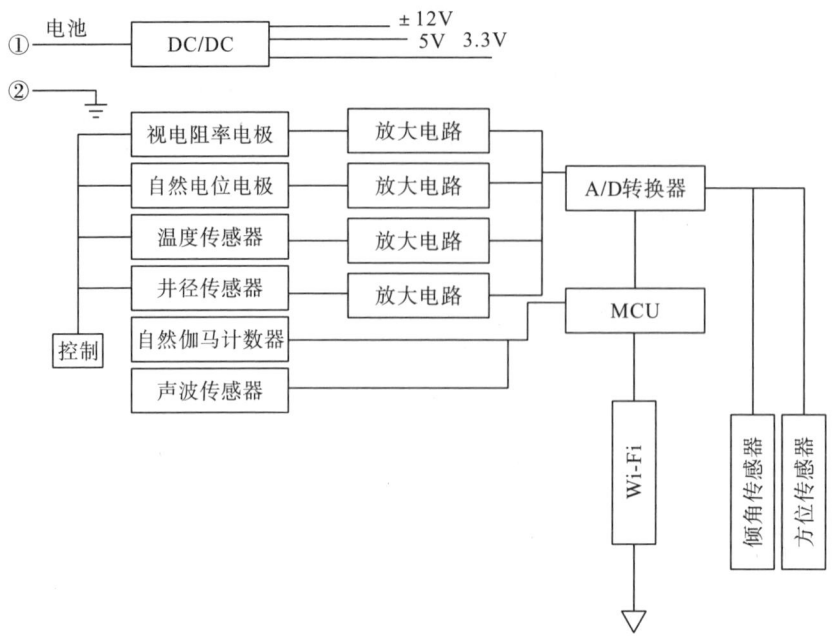

图 6-9　JDSW-1 电阻率声波组合无缆测井仪内部电路设计原理图

　　锂电池供电，DC/DC 是直流电源转换电路，各传感器通过单片机的控制，测量信号由 A/D 转换器转换成数字信号输入到单片机(MCU)中，单片机把各测量输入信号采集过来存入存储器里面，通过 Wi-Fi 把各测量参数发送给 PC 机，绘制采样曲线。

　　JDSW-1 电阻率声波组合无缆测井仪总体设计结构如图 6-10 所示。

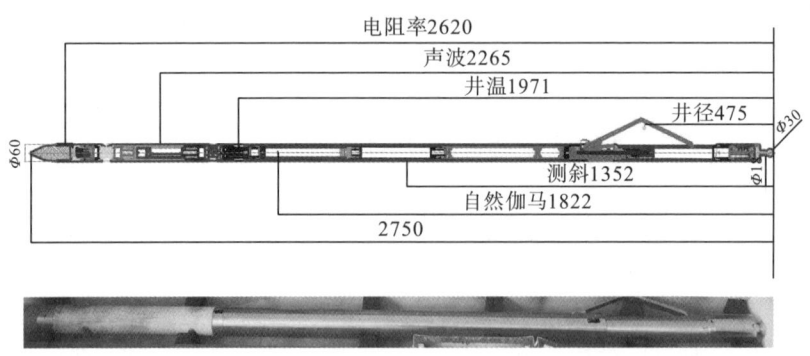

图 6-10　JDSW-1 电阻率声波组合无缆测井仪设计结构图(单位：mm)

　　JDSW-1 设计成用钻杆推入方式，现场操作比较简单，仪器适用钻孔直径大小的范围更宽。一次充足电后可连续工作 12h，测井过程中，数据或测量参数先存储在仪器内部，测井完成后转存到地面电脑中并进行数据处理。除了应用在钻孔顶角过大或倾角过小的场合外，在山区、沼泽、海上等特殊场合的钻孔也有应用优势。一些场合下，往往没法使用测井电缆绞车，或者为了设备搬运方便和节省费用，使用无缆测井方法就是较好的选择。

JDSW-1 电阻率声波组合无缆测井仪在工程地质勘测、城市地下工程建设、隧道建设、地下管道和电缆敷设、水文调查、可溶矿物开采钻进、石油天然气开采监测等行业都有应用，野外测试现场如图 6-11 所示。不同的应用要求还可以集成放射性测试、井温、钻孔直径、钻孔倾角(或顶角)、钻孔走向(方位)等参数。JDSW-1 测试可以为划分地层岩性，确定软弱、破碎和含水岩体，划分隧道洞身围岩级别并确定有无地温及放射性异常，以及了解钻孔孔斜及钻孔空间位置等提供可靠的资料。

图 6-11　JDSW-1 野外测试现场

2)技术指标

(1)仪器电源：内置锂电池。

(2)自然伽马探测器：$\Phi30\times90mm$ 闪烁 NaI 晶体。

(3)声速探测器：源距 600mm，横波声速传感器。

(4)井温传感器：PT1000 铂金温度传感器。

(5)仪器尺寸：$\Phi60\times2800mm$。

(6)仪器重量：45kg。

(7)电阻率测量范围：$1.2\sim1.2\times10^{5}\Omega m$。

(8)电阻率测量精度：5%。

(9)自然伽马测量范围：$0\sim32768$ cps。

(10)自然伽马测量精度：5%。

(11)声速测量范围：200～5000m/s。

(12)声速测量精度：2%校准值。

(13)井温测量范围：-10～85℃。

(14)井温测量精度：0.2℃。

(15)井斜(顶角)测量范围：0°～130°，精度：±0.1°。

(16)方位测量范围：0°～360°(地磁方位)。

(17)方位测量精度：优于±4°(顶角0°～130°时)。

(18)使用环境：井温≤85℃；压力≤30MPa。

(19)信号输出方式：存储。

(20)采样频率：1次/s。

2. 定向钻孔孔内光学成像仪

定向钻孔孔内成像在隧道或输水隧洞的设计、勘察与建设施工中，以及超前地质勘探预报中逐步进入应用阶段。利用该技术在山体、施工掌子面上进行定向钻孔孔内光学成像野外测试如图6-12所示，作为取心钻的辅助，可获得全孔数字岩心照片，更可对岩体的构造、断裂和产状进行精确分析；不仅满足现场快速施工的要求，还可以大大提高设计和预报的准确性，更能够为隧道施工安全提供保障。

图6-12　定向钻孔孔内光学成像野外测试现场

目前现有的孔内电视数据处理通常采用人机交互方式解释成像测井图像，需要技术人员根据地质现象在图像上的特征，然后通过鼠标在光学成像上交互确定边界和轨迹，由计算机对有效轨迹点进行差值运算，再通过数学方法拟合出表征该地质现象的曲线(图6-13)。

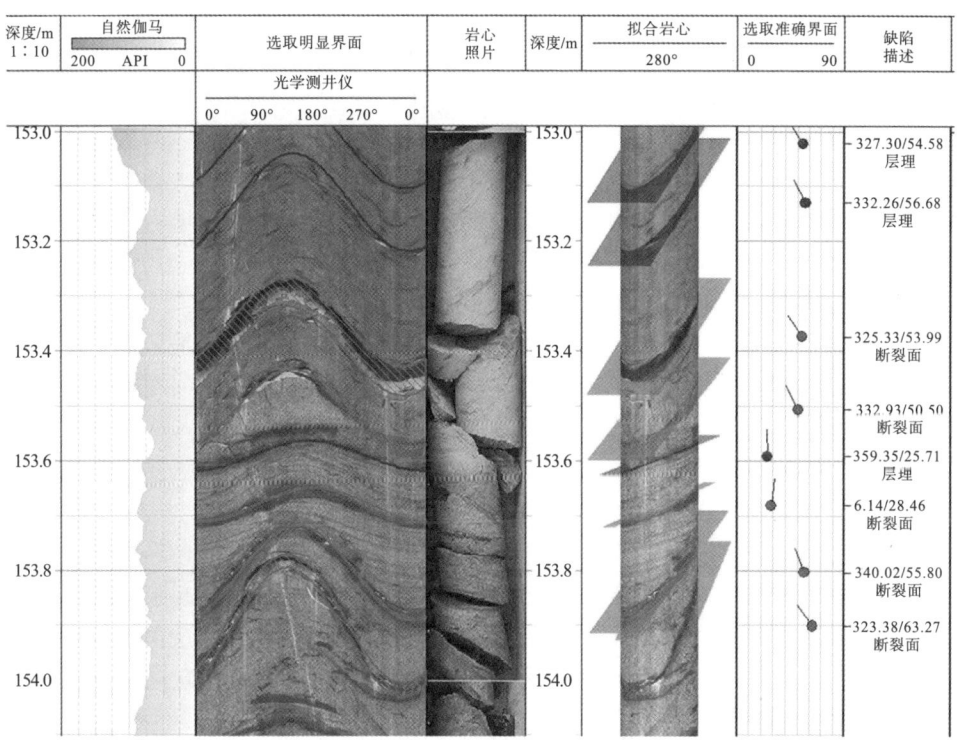

图 6-13　定向钻孔内光学成像成果资料实例

　　层界面、节理面、叶理面、断层等地质结构在成像图像上有类似裂缝的显示特征，均为线状图形；而气孔、砾石、团块、结核在成像图像上有类似孔洞显示特征，为封闭曲线形状，可分别参考裂缝和孔洞的识别方式。通过对定向钻孔内综合测试和光学成像技术的成熟应用，获得钻孔内的数字岩心图片和视频，从而分析判断出岩体的构造、断裂和产状，更可结合综合测井参数，评价围岩级别和推断地应力走向等，可以选择性地缩减取心钻孔施工时间和成本。

　　目前，定向钻探综合测井技术在工程实际中的勘探效果得到越来越广泛的认可。在上千米的定向勘察孔和隧道内上百米的超前水平钻孔中采用光学成像组合电阻率、声波、井温、伽马、井斜等参数的测试方法，可获得深部岩体物性参数，该类参数的获取不仅可独立解译钻孔信息，更可为其他物探方法提供帮助。例如，在大地电磁的解译中应用岩体深部的电阻率参数，作为反演的约束条件；在超前地质预报(TSP)的解译中应用岩体前端的波速参数，便可大大提高物探资料的准确性。下阶段，定向钻探综合测井技术将会在千米级全孔取心定向钻探技术中扮演重要角色。

6.2.2　地应力测试

地应力是铁路深埋隧道工程围岩稳定性评价和支护设计等领域的重要基础参数,高地应力是硬质岩岩爆和软质岩变形灾害的控制性因素。由于地应力的成因十分复杂,包括重力作用、构造运动、地幔热对流、岩浆侵入、地表剥蚀等多种因素,因此地应力大小和方向不能通过数学计算或模型分析获取,要了解一个地区的地应力状态,唯一的方法就是进行地应力测试。

复杂艰险山区区域构造、动力学环境极其复杂,构造应力场复杂多变,且易形成异常的局部应力场、高地应力场,大变形和岩爆等工程地质问题极为突出。由于地貌特征复杂,隧道以其缩短运行距离、避免大坡道的优势,成为复杂艰险山区铁路建设的重要组成部分,超深定向钻探技术则是其勘察的重要手段,定向钻探孔地应力测试需求也随之而来。

地应力测试技术发展至今,已发展出十余种地应力测试方法,经实践证明测试精度较高的方法有水压致裂法、应力解除法,以及近年来发展起来的滞弹性应变恢复法,这几种方法也是最常用的地应力测试方法。应力解除法由于需要将应变计安装在测点,常在开挖的隧道内进行,不适用于勘察阶段的定向钻探孔,因此,定向钻探地应力测试可采用水压致裂法和滞弹性应变恢复法。

1. 水平定向深孔水压致裂法地应力测试

水压致裂法地应力测试,是 20 世纪 70 年代发展起来的能够测量地壳深部应力可靠而有效的方法。该方法是 2003 年国际岩石力学学会试验方法委员会颁布的确定岩体应力建议方法中所推荐的方法之一,是目前国际上能较好地直接进行深孔地应力测量的先进方法。该方法无需岩体的力学参数就可获得地层中现今地应力的多种参量,并具有操作简便、可在任意深度进行连续或重复测试、测量速度快、测值稳定可靠等特点,因此近年来发展很快,并取得了大量的成果。

1)基本原理与计算方法

水压致裂法是在钻孔内用两个可膨胀的橡胶封隔器将钻孔的试验段隔离开来,形成一密闭的压裂段,对压裂段施加水压直至孔壁岩体产生张拉破裂,通过测量钻孔孔壁的裂隙产生、传播、闭合和重新开裂的特征压力,按弹性理论公式计算垂直于钻孔平面的最大、最小主应力和岩体抗拉强度。

水压致裂法地应力测量是以弹性力学为基础,且以下列三个假设条件为前提:

(1)岩石是线性、均匀和各向同性的弹性体;

(2)岩石是完整的,压裂液体对岩石来说是非渗透的;

(3)岩层中一个主应力的方向和钻孔轴线平行。

在上述理论和假设前提下，水压致裂的力学模型可简化为一个平面应变问题。

水平孔地应力测量也是建立在弹性力学的平面应变理论基础之上，可以确定钻孔截面上的主应力大小和倾角。当水平孔走向与隧道轴线一致时，可直接测得隧道截面上的主应力，从而计算隧道横截面最大切向应力，为隧道围岩稳定性计算提供基础数据。

水平孔压裂时的受力状态可以简化为平面应变问题，其受力情况可等效为有两个主应力作用在一个半径为 a 的圆孔上(图 6-14)，同时圆孔中存在 P_m 的均布液压力。在钻孔周围建立局部坐标系 $X'Y'$(坐标轴方向分别与最大主应力 σ_1、最小主应力 σ_2 平行)，可用经典拉梅解获得各应力的表达函数。建立自然钻孔坐标系 XY(X 轴为与钻孔走向垂直的水平向，Y 轴为垂向)，水压致裂法岩体破坏判据采用第一强度理论，即岩体沿最小主应力方向产生拉裂破坏，裂缝走向与最大主应力方向一致，假设破裂方向与 X 轴夹角为 α(这里假设 $\sigma_1 > \sigma_2$，围岩渗透率为 0)。采用以下公式进行计算。

$$\sigma_r = \frac{\sigma_1 + \sigma_2}{2}\left(1 - \frac{a^2}{r^2}\right) + \frac{\sigma_1 - \sigma_2}{2}\left(1 - \frac{4a^2}{r^2} + \frac{3a^4}{r^4}\right)\cos 2\theta + P_m\frac{a^2}{r^2} \tag{6-1}$$

$$\sigma_\theta = \frac{\sigma_1 + \sigma_2}{2}\left(1 + \frac{a^2}{r^2}\right) - \frac{\sigma_1 - \sigma_2}{2}\left(1 + \frac{3a^4}{r^4}\right)\cos 2\theta - P_m\frac{a^2}{r^2} \tag{6-2}$$

$$\tau_{r\theta} = \frac{\sigma_1 - \sigma_2}{2}\left(1 + \frac{2a^2}{r^2} - \frac{3a^4}{r^4}\right)\sin 2\theta \tag{6-3}$$

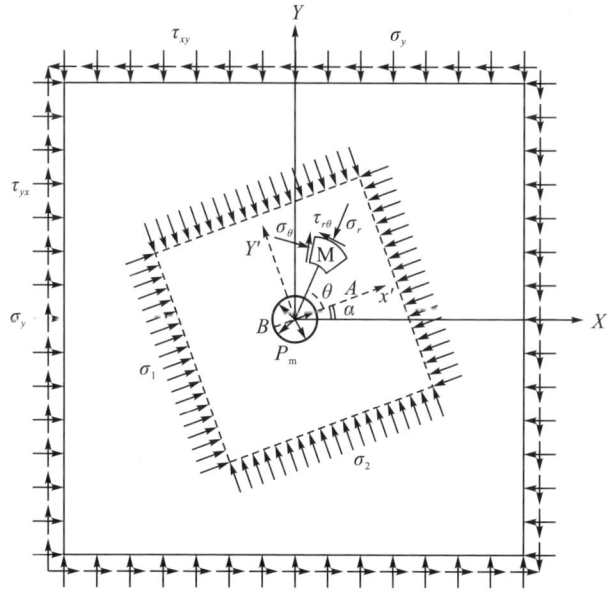

图 6-14　水平孔内压作用下钻孔周边应力分布图

式中，σ_r 为径向应力；σ_θ 为切向应力；$\tau_{r\theta}$ 为剪应力；P_m 为孔内压力；a 为圆孔半径；r 和 θ 分别为柱坐标系中距离钻孔中心的长度和偏角坐标值。此时在钻孔孔壁 A、B（破裂处，$r = a$）两点处产生的切向应力 $\sigma_{A, B}$ 为

$$\sigma_{A,B} = 3\sigma_2 - \sigma_1 + P_m \tag{6-4}$$

当孔内压力 P_m 达到围岩破裂压力、重张压力时，有如下方程：

$$3\sigma_2 - \sigma_1 + T = P_b \tag{6-5}$$

$$3\sigma_2 - \sigma_1 = P_r \tag{6-6}$$

$$\sigma_2 = P_s \tag{6-7}$$

式中，P_b 为破裂压力；P_r 为重张压力；P_s 为关闭压力；T 为围岩的抗拉强度。根据上述参数即可确定钻孔截面上的主应力 σ_1、σ_2。

2）新型定向水平深孔水压致裂地应力测试系统

定向水平深孔运用水压致裂地应力测试有以下困难（孙炜锋等，2021）：一是传统推拉阀无法用于水平孔：推拉阀是单回路深孔水压致裂法地应力测量系统的关键设备。井下测量仪器与孔壁两侧存在一定的摩擦阻力（孔斜、钻具变形、孔壁变形等原因），传统推拉阀在下井的过程中受摩擦力作用会推至压裂段，导致封隔器回路无法连通，后续测量工作无法开展。在富水地层勘察钻探时，承压水、钻孔用循环水等从钻孔中涌出，在一定程度上也增加了井下测量设备的阻力，导致推拉阀无法正常工作；二是传统压裂器与封隔器外径差较大：水平孔施工难度高、塌孔风险大。为了降低塌孔风险，钻机队一般都采用与钻头直径接近的新型薄壁钻杆。传统水压致裂设备采用分体跨接式封隔器设计，推拉阀和压裂段的外径远小于封隔器外径，当水平孔孔壁发生变形、掉块时极易造成卡孔事故，甚至导致废孔，地应力测量风险大；三是传统设备对高压气体密封性差：传统的水压致裂地应力测量设备注重于对高压水的密封。水平钻孔在开展地应力测量工作时，钻杆内壁很难灌满水，存在大量的气体。高压泵机加压后，钻杆内气体形成极不稳定的高压气体团。高压气体相对于高压水，为地面测量设备，尤其是高压管汇系统等高压管接口带来极大的安全风险。

针对定向水平深孔水压致裂地应力测试难点，测试时采用新型定向水平深孔水压致裂地应力测试系统，该系统包括以下核心设备。

（1）一体可调式自动推拉阀：采用一体式设计，推拉阀外径与测量设备外径基本一致，在推拉阀顶部增加可调式预应力弹簧，下井测量之前根据孔壁摩擦力、孔底水压、钻孔上斜角度等参数初步估算预应力的大小，解决了推拉阀在孔底难以打开的问题，可显著提高水压致裂地应力测量的成功率。

（2）一体式中心压裂器：为了使压裂器外径与测量仪器外径基本保持一致，摒弃了传统的软管跨接式连通封隔器的方式，在压裂器内部采用双通路设计，使得

封隔器通路与压裂段通路均从压裂器内部通过，极大地降低了井下测量仪器卡孔的安全风险。

(3)防爆式高压管汇系统：由于水平孔钻杆内有大量的气体，在高压泵机加压时易形成极不稳定的高压气团，测量系统尤其是管汇等高压管接口处的安全风险极大。采用厚约 5mm 的铝板将高压管汇系统密闭在防爆箱内，一方面可保证管汇系统正常操作，另一方面可以提高管汇系统的被动安全性。

(4)双回路高压封头：高压封头采用双回路设计，进水口和出水口各采用单独的通道，一方面可以提高钻杆灌水效率，另一方面有利于钻杆内的气体排出，在一定程度上可降低高压气团的安全风险。

3) 定向钻孔水压致裂地应力测试步骤及技术要求

(1)测量系统连接检查：在进行测量操作之前，应检查测量设备、线路的连接是否正确，核对测量钻孔的钻杆编号。

(2)座封：在地面使用高压泵通过钻杆和封隔器顶部转换开关向一对封隔器加压，使其膨胀并与孔壁紧密接触而形成封隔段。座封压力视岩体条件和地应力大小而定，初始座封压力宜不小于 6MPa。

(3)压裂操作。

注压：在整个测量系统安装及检查完毕后开始注压，在注压过程中宜保持不小于 4L/min 的恒定流量。

关泵：水压致裂过程中，依据现场记录的压力-时间曲线判断孔壁破裂产生或破裂重张后即可关泵，观测关闭压力。在关泵的瞬间，压力将急剧下降。关泵后，随着液体向地层的渗入，压力将缓慢下降。在岩体应力的作用下，裂缝趋于闭合。当裂缝处于临界闭合状态时记录到的压力即为闭合压力值。

卸压：在每个压裂回次完成后应完全卸压，使压力管路与大气连通。

(4)破裂重张循环的操作。

重张时刻的判断：压力-时间曲线上，压力上升速率减慢，压力开始降低、裂缝重张时即可关泵；每个重张循环含注压、关泵和卸压三个步骤；每个测段重张循环应不少于 4 次，取得合理的应力参量以及准确判断岩石的破裂和裂缝的扩展状态。此时的峰值压力值即为岩体的重张压力值。钻孔深度超过 500m 时，每个循环时间、循环间隔时间、卸压时间应适当延长。解封：破裂重张循环完毕后，通过控制系统解除封隔器内压力，封隔器收缩恢复原状，提至地面。

(5)测量破裂裂缝方位和倾角。

采用印模器或孔壁成像，测量破裂裂缝方位和倾角：采用印模器时，首先将接有定向仪的印模器放到压裂测量段的深度，然后通过管汇系统加压使印模器保持膨胀 30min，印模器的压力一般保持在大于重张压力 2MPa 以上，以使印模器表面能够清晰地印制与裂缝相对应的凸起印迹。定向仪主要由电磁定向罗盘等构成，在预定时间到达时，自动记录印模器基线在大地坐标中的方位。待保压时间结束后，卸去印模器的压力并将其提出钻孔。现场读取电磁罗盘确定的印模器上的基线方位角。同时用透明塑料薄膜将印模器围起，绘下印模器表面凸起的印痕和基线标志。据电磁罗盘确定的基线方位值和印痕与基线之间的关系即可算出破裂面的方位，该方位值就是最大水平主压应力的方向。采用钻孔孔壁成像测量时，诱发裂隙破裂面的方位，即是最大水平主应力的方向。

2. 定向深孔滞弹性应变恢复法地应力测试

滞弹性应变恢复法(anelastic strain recovery method，简称 ASR 法)是一种基于岩心的地应力测量方法，由 Voight(1968)最先提出，Teufel(1983)进行了实用性研究和发展来解决二维问题，Matsuki 和 Takeuchi(1993)又将其拓展为三维问题。汶川地震后，国内逐渐开展 ASR 法地应力测试(王连捷等，2012)，目前已报道的ASR 测试深度已达 7km(孙东生等，2018)，且通过与水压致裂测试结果对比，验证了其有效性(孙东生等，2020)。对于复杂艰险山区定向钻孔，由于地形地貌及交通条件的限制，采用水压致裂法地应力测试往往需要较大的经济成本和时间成本，且在破碎岩体的钻孔内水压致裂法测试效果不佳，此时可采用滞弹性应变恢复法，该方法基于钻孔岩心的应变测量，仅需现场取得适合测试的岩心，在室内完成主要的测量工作，大大节约了现场测试工作时间和成本，测试过程无须钻机配合，不会影响钻机的工作效率。同时，由于基于岩心应变测量，单个测试点的测试周期不受深度影响。

1)基本原理与计算方法

岩心在原始条件下受地应力的作用产生变形，岩心被钻出后，即脱离应力场的作用，岩心卸荷。当应力释放后，岩心的一部分变形瞬时得到恢复，属于弹性变形，另一部分变形不是立即达到弹性变形值，而是在时间上有一个相对滞后的过程，这种变形称为滞(非)弹性恢复变形。根据岩心表面不同方向滞弹性应变恢复量，可以确定三维原地应力状态，其原理基于岩石的流变性(图6-15)。在一般应力条件下，可以把深孔岩心视为各向同性、线黏弹性材料，三维地应力可以通过测量 6 个独立方向的滞弹性法向恢复应变而确定。

主应力大小与滞弹性恢复应变之间的关系如下：

$$\varepsilon_a(t) = \frac{1}{3}[(3l^2-1)\sigma_x + (3m^2-1)\sigma_y + (3n^2-1)\sigma_z + 6lm\tau_{xy} + 6mn\tau_{yz} + 6nl\tau_{zx}] \times \text{Jas}(t)$$
$$+ (\sigma_m - p_0)\text{Jav}(t) + \alpha_T\Delta T(t) \tag{6-8}$$

式中，l，m，n 为应变轴的余弦大小；σ_x，σ_y，σ_z，τ_{xy}，τ_{xz}，τ_{yz} 为六个应力分量；

$\text{Jas}(t)$ 和 $\text{Jav}(t)$ 分别为剪切模式和体积模式下的非弹性应变恢复柔量；σ_{m} 为平均应力（单位：MPa）；p_{0} 为孔隙压力（单位：MPa）；α_{T} 和 $\Delta T(t)$ 分别为岩石的线性膨胀系数和温度变化值。对于三维主应力大小，可通过下式表示：

$$\sigma_{i}=\frac{e_{i}(t)}{\text{Jas}(t)}+\frac{\varepsilon_{m}(t)-\alpha_{T}\Delta T(t)}{\text{Jav}(t)}+p_{0},\quad i=1,2,3 \tag{6-9}$$

式中，$e_{i}(t)$ 为非弹性偏应变，$i=1,2,3$；$\varepsilon_{m}(t)$ 为平均正应变。由式(6-8)和式(6-9)可知，原地应力的大小与非弹性应变大小、温度及岩石热膨胀系数、孔隙压力，以及非弹性应变恢复的体积模量和剪切模量有关。假设测量期间温度恒定、孔隙压力不变，则可通过测量获取的岩石非弹性应变恢复量和非弹性应变恢复柔量确定应力分量。

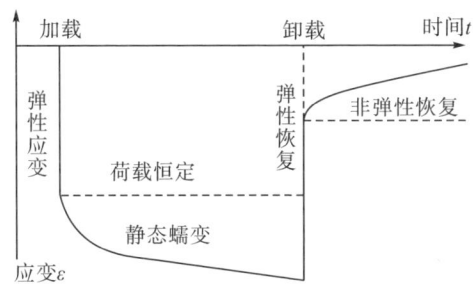

图 6-15　岩石流变性模式图

2) 定向钻孔滞弹性应变恢复法测试系统

测试系统包括现场滞弹性应变采集仪器(图 6-16)、滞弹性恒载仪(图 6-17)、高低温恒温箱，以及应变片、黏结剂、UPS 电源等辅助设备。滞弹性应变采集仪器配有 14 个应变采集通道，可满足采集 6 个以上方向的滞弹性应变恢复量。滞弹性恒载仪是一种单轴静力加载设备，用于标定岩石的滞弹性应变恢复柔量。由于现场岩心在取心和贴片时岩心温度产生较大变化，因此需要通过温度标定实验来标定各组应变片的温度系数，从而剔除温度影响，室内温度标定实验仪器为高低温恒温箱。

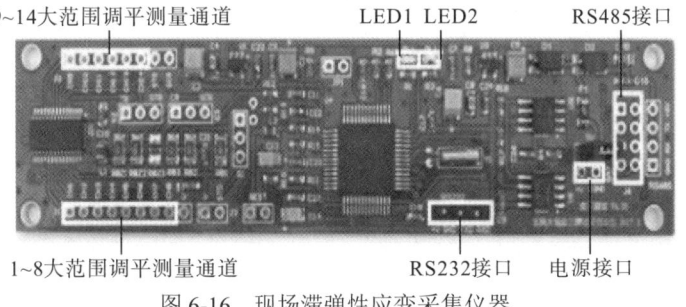

图 6-16　现场滞弹性应变采集仪器

图 6-17 滞弹性恒载仪

3) 定向钻孔滞弹性应变恢复法地应力测试步骤及技术要求

(1) 钻取岩心。

进行岩心定向(带有定向标志线,长度约 15cm),如果无法定向则可采用后期钻孔超声成像测井,或根据地应力计算结果结合构造特征进行主应力方向判别。从岩心被钻取到开始测量的时间一般不超过 5h,且越快越好。

(2) 粘贴应变片。

根据岩石种类,选好热输出匹配的应变片,挑选岩心完整段进行清洗、擦干、打磨、粘贴等工作。选择岩心的一个直径为基线,按照与基线成 45°、90°、−45°等不同方向进行多组应变丛的粘贴(可根据情况选择不同角度进行粘贴,最少粘贴 3 组共 12 个应变片,保证平行实验次数)。

贴好应变片后对岩心进行包裹,如果温度较低,需在薄膜包裹后加入保温毡被包裹。同时保留一段同位置的岩心用于定向及标定。

(3) 开始测量。

贴好应变片后将岩心放置于无扰动的位置,打开采集设备进行监测,采集间隔设置为 30min,得到滞弹性变形测量曲线(注意记录时间和温度数据)。曲线的有效数据在贴片 2h 后。待曲线基本稳定后,估算滞弹性恢复应变已达到95%以上时停止测量,并对岩心进行标定实验。

(4) 温度标定。

将岩心放入恒温箱,根据监测中温度变化特征,进行温度标定实验,得到不同温度下应变热输出大小,在测量中将其消除。

(5) 滞弹性应变恢复柔量率定。

将原位岩心放置于滞弹性加载测量仪器上,估算钻孔测点处应力水平大小,进行加载,待长期应变稳定后进行卸载,得到此应力水平下滞弹性应变恢复柔量大小。

具体操作流程如图 6-18 所示。

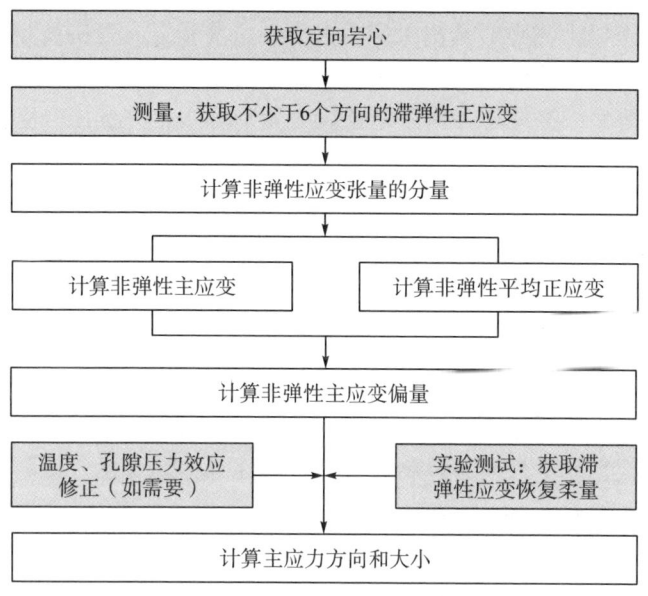

图 6-18　滞弹性应变恢复法地应力测试操作流程图

3. 定向钻探孔地应力测试成果报告及数据分析

1) 成果报告

记录任务来源、工作内容和技术要求、测量方法和测量结果的用途及测量完成情况；描述测量地点的地理位置，测点附近的地形及主要地质构造，测点周围坑道、硐室布置及断面尺寸，测点钻孔布置及附近工程施工背景；描述不连续面的特性和钻孔孔壁条件；描述岩性、胶结情况、岩心采取率；描述测量数据与结果，对于水压致裂法，用图给出各测段流量、压力随时间的变化，用文字准确描述选定 P_b、P_s 和 P_r 的方法，用表格列出各测段 H、P_0、P_b、P_s、P_r、σ_v 的数值，以及最大和最小水平主应力 σ_H、σ_h 的大小和方向，给出孔壁压裂印模展开图，并标注印模段深度、基线和破裂方位、破裂倾角等参数，用孔壁成像进行破裂定向时，给出破裂段及孔壁崩落段成像，并标注深度、破裂方位和破裂倾角；对于滞弹性应变恢复法，用图给出各测段不同应变通道及测试时环境温度随时间变化关系，列出计算采用的应变观测值，计算得到的三向主应力大小及方向。

2) 数据分析

对复杂艰险山区地应力测试成果进行专题分析，概括钻孔各测段平面应力的量值水平，分析测段数据间的差异性；对所有测段的测量结果归纳分析，给出三个主应力随深度的变化图，若分布较为规则，可进行线性回归，给出回归方程式，测量区域有 2 个以上测点时给出主应力大小、量级和方向范围及规律性分析；分析地应力场与区域地质构造的关系，进行工程初始地应力状态评估，给出高地应力区隧道岩爆等级或高地应力区隧道软岩大变形等级，并提出预案措施，计算隧道横截面上的最大切向应力，分析最大水平主应力方向与隧道轴线的角度对隧道稳定性的影响，将测量结果与本次测量区域内其他途径获取的地应力资料进行比较，分析存在的差异和原因。

6.2.3　有害气体测试

隧道中的有害气体主要有甲烷、一氧化碳、硫化氢等气体。其中氧气也是必须要检测的，因为隧道里面一旦氧气不够，作业人员很有可能发生缺氧窒息，影响生命安全。根据化学性质可以将其分为可燃性气体和有毒气体两大类。

隧道中的可燃性气体主要成分是甲烷(CH_4，也称瓦斯)，主要危害是气体燃烧引发爆炸。但是可燃性气体爆炸必须具备一定的条件，如一定量的可燃性气体、足够的氧气和火源，以上的条件缺一不可。通常将可燃性气体发生爆炸的最低浓度称为爆炸下限，用 LEL 表示。不同的可燃性气体有不同的 LEL，所有的可燃性气体检测都检测其 LEL。

隧道中的有毒气体主要是硫化氢和一氧化碳。这些气体进入机体后导致组织细胞缺氧，极易引发缺氧性窒息形成的安全事故。例如，为防范隧道地下施工作业的安全隐患，保障施工安全与作业人员的健康，需在隧道中安装高抗干扰、安全稳定的气体检测仪，保障施工安全与作业人员的健康。

1. 固定式气体检测仪

固定式气体检测仪是工业装置上和生产过程中使用较多的检测仪。可以安装在特定的待监测点对特定气体进行检测，并且仪器自带声光报警提醒，能将检测的信号实时传输至显示终端，便于监视。

另外考虑到隧道施工环境较差，需在隧道中安装带防爆、防水防潮的设备，安装位置依据气体比重和泄漏源确定安装点。

2. 便携式气体检测仪

便携式气体检测仪体积小巧，操作简单、方便，在隧道中便于个人使用。目前便携式气体检测仪都采用可充电电池，续航时间 12h 以上，保证了施工期间人员和设备安全。

6.3　定向钻探技术体系

通过集成定向孔防斜与测斜工艺技术、复杂地层高效钻头、涌水分隔导流技术、环保冲洗液及无害化处理、护壁堵漏技术、事故预防与处理技术，以及综合测井技术等，创新了铁路隧道定向勘探技术体系，如图 6-19 所示。

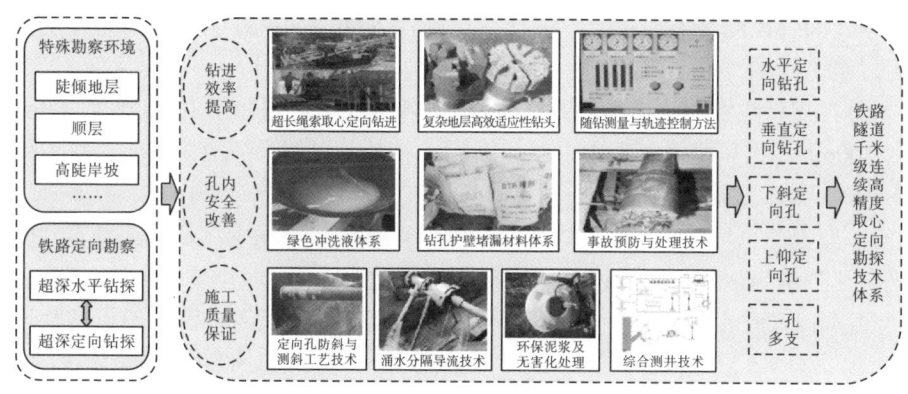

图 6-19　超长连续高精度水平孔绳索取心定向勘探技术体系

在测斜与防斜方面。自主研制测斜仪，克服了在复杂艰险山区铁路钻孔中的测斜仪安置问题。采用固定钻机、加长粗径钻具、减小环空间隙、调整钻进参数等方法以保证钻杆不偏斜，防斜效果好。

在复杂地层中提高钻进效率方面。优化金刚石绳索取心钻头选型以提高其机械钻速和使用寿命，在不同的地层复杂条件下都有相应的方案来解决钻进难题。例如，在坚硬打滑地层中钻进，钻头胎体硬度不能过高，否则钻进时钻头难以出刃，不进尺。

该环保冲洗液体系通过以下三部分进行优化。

1) 环保冲洗液处理剂优选

随着地质勘探技术的发展与进步，环境污染问题也逐渐凸显，冲洗液虽然在钻进过程中起到关键的作用，但也是产生污染的重要因素。冲洗液的组成中包含多种化学处理剂，其中很多都会对环境造成污染，产生于地层的岩屑对生态环境的影响也是难以恢复的。环保型冲洗液不仅需要具有常规的性能，还需要保持其环保性能，同时还需要具有较强的抑制能力，在进行冲洗液配制及维护时，其成本也要与配制和维护普通冲洗液相当，污染物排放量符合当地规定的污染物排放标准，尽可能地降低冲洗液及其废弃物对环境产生的伤害。

优选无毒无公害的可降解冲洗液处理剂，替代传统冲洗液中常用的易对环境造成污染的处理剂，建立环保型冲洗液体系，以达到环保无污染的目的。针对不同的地层，本着提高钻进效率、加快施工进度及减少冲洗液成本的原则，设计不同的冲洗液体系。

2) 冲洗液现场管理

(1) 在配制冲洗液时应保证各处理剂的充分溶解，尤其是各类相对难以溶解的聚合物。同时在冲洗液池中配置搅拌机，确保各处理剂更好地溶解，充分发挥其作用。

(2) 按规程设置冲洗液循环系统。要求循环槽长度不得短于12m，宽度300mm，高度200mm。循环槽内每间隔1.5~2m设1挡板，以便于沉渣；循环槽底坡度应为1/100。循环沉淀池3个。

(3) 在修建循环槽、沉淀池、冲洗液池时，应进行水泥硬化或防渗处理，同时要采取遮挡措施，避免雨水或地表水混入冲洗液中。

(4) 每个班应至少安排一名专职或兼职冲洗液工，负责对冲洗液的日常管理及维护。

(5) 在钻进中应随时检测冲洗液性能，并根据性能状况及时进行维护或调整。做到每个回次至少检测一次漏斗黏度、比重及含砂量，每个班至少检测一次中压失水量、泥皮质量及pH；条件允许时每日还应检测冲洗液的其他流变参数(包括表观黏度、塑性黏度、动切力、静切力等)。

(6) 当冲洗液性能严重变坏(如含砂量较高、黏切偏高等)难以满足钻进工作，处理难度较大时，可直接对冲洗液进行部分更换。

(7) 在钻进中应密切注视钻孔的涌水和漏失状况，可采用钢卷尺对冲洗液池液面高度进行测量，计算出涌水量或冲洗液的消耗量，一旦涌漏情况严重时还应采取相应措施。

3) 废浆无害化处理

钻孔废浆组成：废弃冲洗液、起下钻作业时冲洗液的流失及带出的岩屑、地面设备及钻井工具的冲洗水。

钻孔废浆特点：废弃冲洗液含有冲洗液中的各种组分，组成复杂，主要污染物有悬浮物、重金属、油、酚、硫化物等。钻孔废水水质具有色度高，COD_{cr}值、悬浮物和油含量较高等特点。

废浆无害化处理主要采取以下措施。

第一级处理：氯化钙作处理剂。pH由7~8降到5~6。

　　第二级处理：使用石灰，使污水中进一步发生絮凝沉降和化学沉淀，减小污水色度，污水颜色由透明茶色变为泥色或灰白色，pH 由 5～6 升到 9～11。

　　第三级处理：使用聚合氯化铝和聚丙烯酰胺进行吸附、絮凝沉降，脱除可溶性物质和悬浮微粒，使污水呈无色，pH 为 6～9。排出清水，下部填埋。

　　在钻探工程材料方面。研制可改变性能的低温纳米复合水泥基钻孔护壁新材料，可望解决勘探中的低温护壁问题；研制适用于超千米定向孔的钻孔复合堵漏材料，解决钻进中地层严重漏失问题。

　　还有在钻进过程中出现的事故及时处理和预防措施。利用综合测井系统，获取地层、钻孔等参数，来了解岩层，井壁的性质，判断岩性、划分岩层等。这些方面的方案优化共同组成了一套适应于复杂山区铁路隧道超长连续高精度取心定向勘探技术体系。

第7章　典型工程应用

针对高山峡谷区铁路隧道常规钻探搬运极为困难、陡倾岩层常规钻探易偏斜和"点状"勘探精度低的难题，研究团队自主研发了千米级全孔取心定向钻探技术装备、器具、工艺和工法，提出了复杂艰险山区铁路隧道取心定向钻探新模式，在西渝高铁、沿江高铁等西南山区隧道工程完成全孔取心定向钻探60余孔，其中千米级定向钻探5孔，创造了国内外水平孔绳索取心定向钻探最长纪录1888.88m，打破了石油钻井、煤田钻探、公路勘探水平孔不能实现超长全孔连续取心的"魔咒"。研究团队通过开展定向钻探及相关测试、试验工作，查明了铁路隧道的工程地质和水文地质条件，构建了铁路隧道千米级连续高精度取心定向勘探关键技术体系；采用水平定向钻进技术沿隧道轴线进行勘察，将竖向孔"点"勘察，转变为水平孔"线"勘察，构建了铁路线状工程的立体勘察新模式，是铁路勘察的一次技术革命，引领行业发展。这些研究成果实现了绿色勘察、线状勘察、精准勘察，取得了显著的社会效益、经济效益及环境效益，可推广至复杂艰险山区铁路、公路和水利水电等隧道工程勘察中，在新时代"西部大开发"、"交通强国"战略、"一带一路"建设中具有广阔的应用前景。

7.1　某隧道工程水平定向钻探1号试验孔

7.1.1　钻孔概况

1. 交通位置及自然地理条件

水平定向钻探1号试验孔即为DZ-定向试验-01孔。该水平孔钻孔位于乡级水泥路南侧坡脚，沿着乡道直达钻孔点，交通便利。钻孔位置位于隧道下方20m(图7-1)，孔口周围地貌及植被如图7-2所示。

图 7-1　钻孔位置　　　　　　　　　　图 7-2　孔口周围地貌及植被

2. 地质概况

1) 地层情况

钻孔整体位于三叠系上统地层，岩性出露变质砂岩和砂质板岩，碳质板岩及断层角砾。岩层产状 N60°W/50°～60°SW，线路走向 237°，故钻孔与岩层近垂直。

砂(碳)质板岩：深灰色、灰黑色、弱风化，岩心易水化，板理发育，板劈理及节理裂隙发育，孔内易坍塌掉块。岩层较软，岩石可钻性好。调查附近钻孔岩心情况，该套岩心易出现饼化现象，钻孔周围岩石因应力释放出现缩径，导致钻进中套管不能下到位，投送打捞设备困难，耽搁钻进时间，辅助时间长。

钻孔可能的主要工程地质问题有高温热害、高地应力、断裂破碎带、有害气体、放射性等。

2) 构造情况

现场地面地质调查和目前已揭露的构造结果显示，设计钻孔施钻方向已揭露节理密集带 19 处，合计宽约 70m，约占比例 6.27%，单个节理密集带宽 1～12m 不等，节理带中岩心外观呈块状、碎块状，钻进中极易出现卡钻、堵心等事故。已揭露到 2 条次级断层：674.6m 处断层揭露宽度 2.7m，断层充填物呈角砾状，软塑，断层影响带较窄。

从物探纵断面和地形剖析，水平钻探钻穿地层物探剖面显示物质组成较为单一。在孔深 900m 和 1100m 处剖面为高阻带，为地层破碎带(端泥隆断裂)。

3. 钻探目的、工作内容及技术要求

1) 钻探目的

(1) 查明钻孔地层岩性、地质构造、岩体完整性及地下水富集情况。

(2) 通过孔内地温与地应力测试，查明隧道洞身段地温、地应力特征。分析孔

内地温梯度变化情况及高地温对隧道的影响程度，通过地应力测试了解隧道高地应力环境下的大变形特征。

(3)查明隧道洞身断层附近水文地质条件，高温热水及地下水的补给、径流、排泄条件及动态特征；各含水层发育分布特征及水力联系；确定各含水层与隧道断层带涌水量预测有关的水文地质参数，预测隧道断层附近涌水量；分析地下水水质及其侵蚀性。

(4)查明地层中有无有害气体分布，测定有害气体含量、成分、压力，预测隧道有害气体涌出量，评价有害气体突出危险性。

(5)通过现场深孔测井和室内岩石试验，查明岩层的物理力学性质、力学分层，岩体和岩块的弹性纵波波速(V_p)、完整性系数、围岩放射性等。

2)工作内容及技术要求

(1)勘探要求：钻探施工前应根据钻探技术要求和地层情况制订施工组织计划和安全、质量保证措施，其内容包括钻探过程控制措施，安全、质量管理措施等。

(2)钻探设备应根据技术要求和地层情况相应匹配，科学选择钻机类型和施工工艺，并保证设备状况良好。

(3)钻探应从孔位、取心、取样、岩性鉴定描述方面进行全过程管理。

(4)孔深要求：钻探深度至设计孔深。若在设计孔深的后5～8m段遇软弱带，则须在将其穿透后继续钻进3～5m，钻进过程中遇到侵入接触带、岩脉、地温异常等异常情况应及时上报地质组。终孔前应报请项目部、地质组技术负责人现场检查验收后同意终孔时方可终孔。

(5)钻孔直径要求：为保证试验及采样的要求，终孔孔径原则上不小于77mm；钻孔结构应根据地层情况、设计孔深、终孔直径、钻进方法和钻机性能合理设计，在保证孔壁稳定和钻进效率的前提下，钻孔结构宜简单；为保证钻孔孔径满足要求，提高施工效率，钻进时钻头和扩孔器选择要配套，并应按钻头和扩张孔器外径的大小，排好顺序轮换使用。

(6)孔斜要求：①钻孔按设计方向施钻，为保证施钻过程中钻孔沿设计轴线偏斜不大，施钻过程中每钻进50m测量孔斜一次，钻孔顶角偏差每100m不能超过3°。②为保证钻孔孔斜满足设计要求，施钻前应调查钻场周边区域岩层产状，施钻过程中根据地层和孔内情况及时调整钻压、钻速等参数。③钻孔弯曲度若超差，应查找原因，采取有效措施及时补救，方可继续钻进。

(7)岩心采取率要求：地表块石土堆积层的岩心采取率不小于80%，断层破碎带不应小于75%，完整基岩岩心采取率不小于85%。并要求记录RQD值(每回次钻进所取岩心中，长度大于10cm的岩心段长度之和与该回次进尺的百分比)。

(8)钻探分层要求：地层分界线允许误差±5cm，不应缺失大于 0.5m 的夹层。

(9)孔深校正：钻孔深度按照设计孔深执行，孔深最大误差不允许超过±2‰。钻进过程中应准确测量每根钻杆长度并详细记录，每回次提钻前准确测量钻杆残尺，精确计算钻孔深度。施钻过程中每钻进 100m 应进行孔深验证，终孔孔深验证应有地质组技术人员现场见证。钻进过程中遇到滑面、断层面、空洞、软弱夹层时，孔深验证应加密。考虑到绳索取心工艺正常钻进过程中提钻频次较低，可在换钻头、岩心掉落大管等提大钻时适时进行孔深验证。验证孔深误差不能超过 2‰，当误差超过 2‰时，应及时进行孔深平差校正。

(10)钻探记录要求：应按规定格式由记录员现场填写，记录要及时，内容应准确、齐全、清晰；记录错误时应以横线划去记错部分在旁重写，不应涂改、挖补、撕毁。终孔后钻探记录应由机组长、地质人员核查签字后，方可使用、存档。

(11)岩样取样规定：钻孔中采取岩石试样时岩心直径不小于 42mm，高度为直径的 1.2～2.2 倍，断口为斜面时以最低高度计(具体样品采集数量、要求及原则见钻孔技术交底单)。岩样应填写标签，标明上下。做密度、含水试验的石样，应擦干净后立即密封。做磨片鉴定的石样应标明名称、产状和结构构造，断裂带上的石样应标明断裂方向。

(12)岩心整理要求：采取岩心应按从上至下、从左到右顺序摆放，每回次填写回次标签，在一个回次采得两种不同地层岩心时应注明变层深度。发现滑动面、软弱结构面或薄层时，应加填标签注明起止深度，放在岩心箱相应位置。岩心必须装入岩心箱，填写标签，注明层次编号、岩层名称、起止深度，同时标明工程名称、钻孔编号、里程和钻孔深度。水平孔岩心应装箱保留至该孔验收(岩心标签齐全)，并进行数码拍照(像素不低于 1200 万)。终孔验收后，将岩心按顺序装箱再掩埋，永久性保存，以备日后施工验证。钻探过程中应遵照《工程地质钻探标准》(CECS 240—2008)执行。

(13)安全注意事项：施钻过程可能会遇到高温热水或井喷，必须确保机器及施钻人员的安全。施钻过程中注意场地边坡稳定性，雨季施钻期间做好防洪、防汛、防雷工作，确保人身及财产安全。

(14)其他未尽事宜，应严格遵循《铁路工程地质钻探规程》(TB 10014—2012)执行。

3)简易水文地质观测

(1)钻进过程中水平孔进行简易水文观测，简易水文观测的内容包括：水位、水温、涌水量、水头高度、冲洗液消耗量等。每个回次提钻后和下钻前各观测一次孔内水位，中间停歇时间较长时应每隔 15～20min 观测一次，钻进过程中每半小时观测一次冲洗液消耗量。若消耗量突变，则加密观测，必要时观测稳定水位。

(2) 钻进过程中遇到孔内涌砂、掉块、坍塌、缩径、裂隙、溶洞及钻具掉落等异常现象时，应及时记录其发生的层位和深度及最大消耗量等。

4) 设计孔深

设计孔深为 1000～1500m。

7.1.2　钻探设备及器具

采用联合研制的 GXD-5S 1500m 全液压动力头水平绳索取心钻进钻机，以及 3m 长钻杆。GXD-5S 1500m 钻机是一款全液压动力头式钻机，如图 7-3 所示。钻机总质量 14t，桅杆高 10m，钻进角度可在 0°～90° 内变化，配有额定功率为 179kW 的发动机，动力头给进行程 3.3m，最大提升力 125kN，最大给进力 75kN，主卷扬最大提升力 96kN，副卷扬最大提升力 11kN，采用不同钻杆的设计钻深能力为 700m(PQ)、1200m(HQ)、1700m(NQ)、2000m(BQ)。

泥浆泵采用 BW300/16 泵，该泵具有压力高、泵量可调节的特点，适用于不同深度、不同口径的绳索取心钻进，同时，可以利用其泵压高的特点，最高泵压为 16MPa，涌水孔段，对于快速推送内管、泵送水泥浆或堵漏材料固井、压井，具有较好优势。其主要性能参数见表 7-1。钻机、泥浆泵均采用柴油机带动，为满足生活区现场照明和生活需要，配备 20kW 的发电机一台。

图 7-3　GXD-5S 1500m 钻机

表 7-1 泥浆泵主要性能参数

型式	卧式三缸往复单作用活塞泵				
行程/mm	110				
缸径/mm	75				
档位	V	IV	III	II	I
泵速/min⁻¹(快档)	216	171	110	68	37
流量/(L/min)	300	235	155	95	52
额定压力/MPa	4	6	8	13	16
泵速/min⁻¹(慢档)	161	127	82	50	27
流量/(L/min)	220	180	115	72	40
额定压力/MPa	6	7	10	15	16
输入功率/kW	30				
吸水高度/m	2.5				
进水管直径/mm	76				
排水管直径/mm	51				
体积(长×宽×高)/mm×mm×mm	2550×1285×870				
重量/kg	1350				

7.1.3 钻探施工难点及钻进工艺

1. 钻探施工难点

1) 钻孔极易偏斜

地层倾角较大，岩层产状 N60°E/50°～60°NW，钻孔方位 237°，可能造成"顶层进"或"顺层跑"现象，易产生孔斜；钻孔方位与岩层倾向斜交，孔斜难以控制。水平孔所需钻压大部分需要钻机加压来提供，钻杆受压，很难控制钻孔的直线度，尤其是在破碎或者松软地层更易造成孔斜，一般钻遇坚硬地层时，顶角上漂，钻遇软弱地层时，顶角下漂。测斜大多在钻杆内测量，没有方位数据。水平孔测斜也很困难。

2) 涌水、漏失严重

该孔位地面埋层较深，大多在地下水位以下，地下水易排出；据物探剖面得知，该水平孔将通过 2～3 处低阻带，为地下水富集区，涌水量大、压力高。目前大多钻孔都涌水。也有个别钻孔出现漏失，如某隧道水平孔，漏失孔段为350～680m，顶漏钻进至终孔，但没有液体介质，需要堵漏测井。

钻孔漏失或涌水，泥浆性能难以维护，从而致使孔壁稳定维护效果差，特别是断层破碎带及岩体破碎松散段。

3) 孔壁坍塌

地层主要为三叠系上统砂板互层、砂夹板岩、碳质板岩、板夹砂岩及断层角砾，见浅变质，夹泥岩薄层，易水敏水化、坍塌掉块，需要做好泥浆护壁。

该水平孔穿越大型滑坡段和端泥隆断裂断层破碎带，岩体自身稳定性差，同时构造及应力释放，泥浆护壁效果不佳，孔壁易坍塌。涌水(漏失)和孔壁垮塌都将导致钻探终止。

2. 钻进工艺流程

为了保证钻探施工工期和钻探施工质量，本项目钻探施工全部采用绳索取心金刚石钻进工艺技术。施工工艺流程如图7-4所示。

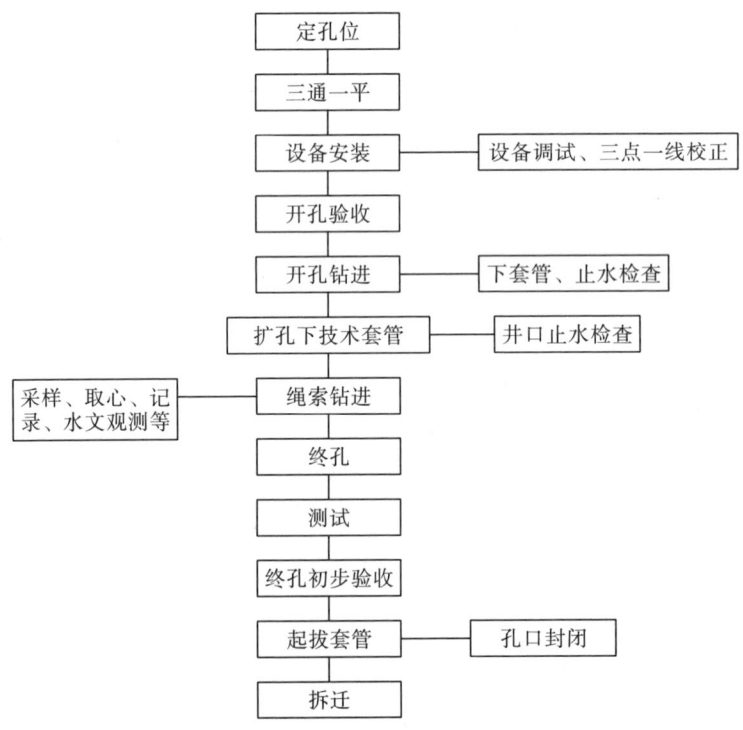

图 7-4　钻探施工工艺流程图

3. 钻进工艺措施

1) 孔斜预防控制措施

(1) 把好开孔关，正确地安装钻探设备。场地硬化、平整，钻机基础采用 C20 混凝土浇筑，厚度 80cm，采用 Φ32mm 螺纹钢将钻机与地基锚固。钻机调平、方位固定，确保钻机稳定。

(2) 加长粗径钻具，以刚保直，开孔全部采用 Φ139.7mm 钻杆同径提钻取心钻具，取心钻进至 48.0m，钻具刚性强度高，不易偏斜。

(3) 减小环空间隙，以满保直，一开采用 Φ145mm 钻头，采用 Φ139.7mm 钻杆，环空间隙比一般情况小，其他开次不增大钻头外径尺寸，钻孔轨迹不易偏斜。

(4) 换径时采用导向钻具，一开、二开钻进完成后，采用导向钻进措施，在下套管之前，将原有钻具前面连接的 0.6m 左右的下一级钻具，轻压钻进 0.4～0.6m，为下一级钻进开好导向孔，再下套管。

(5) 采用高转速、低钻压钻进工艺参数，钻压较大时，地层坚硬，钻孔顶角一般会上漂。

(6) 取心钻进时选用高胎体、低胎体硬度的钻头，高胎体可以增加钻头导向性，低胎体硬度便于金刚石出刃，增加钻进速率，有利于钻孔按设计轨迹钻进。

2) 水平孔测斜措施

目前在钻孔中，测斜仪器大多放在钻杆内，受磁性干扰难以测出钻孔方位。水平孔测斜更加困难，仪器很难送到孔底。该水平孔采用中国地质调查局探矿工艺研究所研制的 CAV-1 存储式测斜仪，可同时测量钻孔顶角和方位角，属于多点测斜仪，采用锂电池供电、自动存储方式进行数据采集，取消了测井电缆的配置。

测斜仪的投送：该仪器为存储式钻孔测斜仪，无须电缆投送，对于水平钻孔，采用两种方式进行投送。

(1) 日常测斜时，不需要测方位，为节省时间，直接采用内管打捞装置将测斜仪投送至孔底。

(2) 需要同时测顶角和方位时，采用无磁铝合金杆件＋扶正器原理加长仪器长度，将测斜仪伸出钻具 1m 距离以外，避免磁性干扰。为防止仪器出钻具外收不回的情况出现，增加扶正和限位装置。

3) 涌水封隔导流措施

水平钻孔一般涌水量较大，需要处理的冲洗液量较大，从而导致环保压力大，工人操作环境较差。现场采用以下几种方法进行处理：

(1)水泥固井,一开主要为滑坡体覆盖层,钻进完成后,为防止地下涌水影响滑坡体稳定,导致钻孔发生偏斜或套管断裂,下入套管后进行水泥固井,便于孔口安装涌水分离导流装置。

(2)采用套管封隔措施,每开次钻进完成后,将钻杆作为套管留在孔内,封隔破碎地层与涌水。

(3)优选高压泵,平衡孔内涌水压力,采用 BW300/16 型高压地质泵,泵压可达 16MPa,防止孔内涌水压力过大,投送、打捞内管困难。

(4)孔口涌水分离导流,采用涌水导流装置,把套管外干净涌水直接导流出去,减少污水沉淀量,优化现场操作环境。

7.1.4 钻探施工情况

1. 钻孔设计与完钻结构

本项目根据地质物探剖面,钻孔结构设计采用三开孔身结构,预留四开结构,所有开次尽量向深部钻进,不得以才能更换口径和开次,实际钻进时,因地层复杂和钻机能力,采用四开结构,实际钻孔结构如图 7-5 所示。

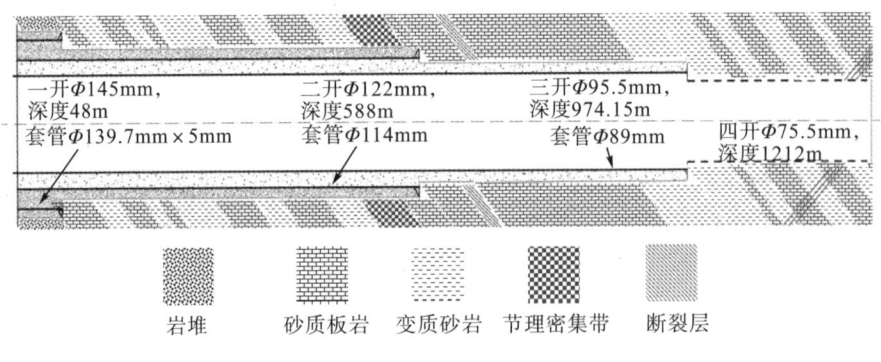

一开Φ145mm,深度48m   二开Φ122mm,深度588m   三开Φ95.5mm,深度974.15m
套管Φ139.7mm×5mm   套管Φ114mm   套管Φ89mm   四开Φ75.5mm,深度1212m

岩堆   砂质板岩   变质砂岩   节理密集带   断裂层

图 7-5 实际钻孔结构示意图

2. 一开施工

一开设计钻穿覆盖层,下套管固井,采用 Φ145mm 取心钻头提钻取心钻进,采用 Φ139.7mm 同径钻杆+扩孔器防斜,设计取心钻进至 20~30m,钻进至 44.6m 岩性才由碎石土转变为变质砂岩,继续钻进至 48.0m,岩性无变化,地质判断已钻穿覆盖层,将 Φ139.7mm 钻杆下入孔内作为套管保护孔壁,为防止覆盖层滑坡体蠕动报废钻孔,采用内插法注水泥浆固井,结束一开钻进,安装孔口装置。典型岩心见图 7-6。

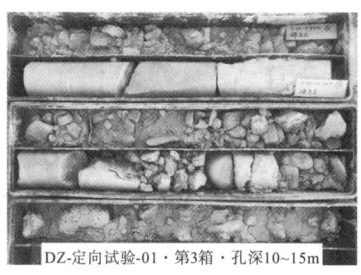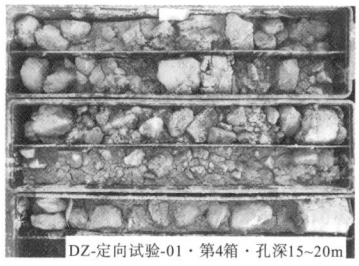

图 7-6　一开典型岩心

3. 二开施工

二开采用 Φ122mm 绳索取心钻头钻进，Φ114mm 绳索取心钻杆，设计取心钻进至 500～600m，封隔前部涌水段，427～544m 钻遇节理密集带，地层较破碎，钻进至 588m 地层较完整，综合考虑地层掉块卡钻、钻机负荷较大导致转速较低及地层涌水等因素，将 Φ114mm 钻杆下入孔内作为套管保护孔壁，结束二开施工。典型岩心见图 7-7。

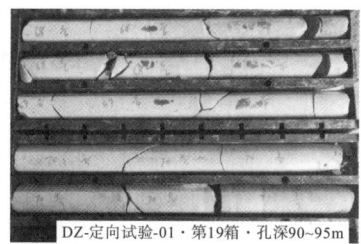

图 7-7　二开典型岩心

4. 三开施工

三开采用 Φ95.5mm 绳索取心钻进，Φ89mm 绳索取心钻杆，设计取心钻进至 1000m，尽可能钻至 1200m 直至终孔，实际施工中钻进至 974.15m 堵水卡钻情况严重，处理过程中钻杆脱扣两次，考虑到继续钻进风险较大，将 Φ89mm 钻杆下入孔内作为套管保护孔壁，结束三开施工。典型岩心见图 7-8。

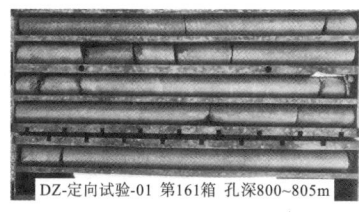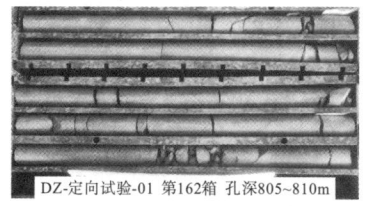

图 7-8　三开典型岩心

5. 四开施工

四开采用 Φ75.5mm 绳索取心钻进，Φ71mm 绳索取心钻杆，钻进至终孔，实际施工中钻进至 1212m 时，地层特别破碎，进尺较慢，且卡钻、掉心等情况严重，考虑已经达到了钻探目标，继续钻进容易产生垮孔埋钻等孔内事故，导致废孔，所以决定终孔。实际钻进深度为 1212m。典型岩心见图7-9。

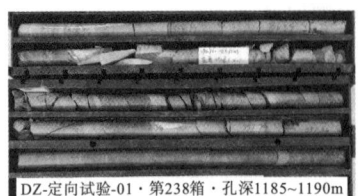 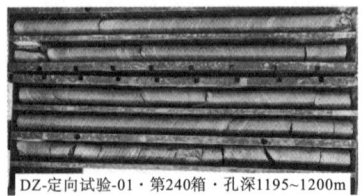

DZ-定向试验-01·第238箱·孔深1185~1190m   DZ-定向试验-01·第240箱·孔深1195~1200m

图7-9 四开典型岩心

7.1.5 钻探质量保证措施

针对山区铁路超长水平孔钻探定向、纠斜等技术难题，项目部制定了具体实施方案，提供钻机(GXD-5S 1500m 全液压动力头水平绳索取心钻机)、水平定向仪器及工具、泥浆泵(BW300/16)、水平绳索取心钻杆、专用水平测斜仪、泥浆堵漏钻头等专用设备、仪器及材料，解决钻孔施工过程中的水平随钻纠斜、事故处理等技术难题，提供钻探技术支撑。

1. 保证岩心采取率的技术措施

采用绳索取心钻进工艺，岩心的采取率普遍较高；但对破碎地层应采取"少打多捞"原则，防止岩心堵塞钻头而将岩心磨损，影响采取率。保证岩心采取率的技术措施如下：

(1)必须按照钻探规程进行操作，严禁打懒钻、磨钻。严禁盲目追求进尺，不准超时间或回次进尺超过岩心管有效长度钻进。

(2)必须认真检查内管各部件是否转动灵活，内钻头与外钻头间隙是否调整到规定的范围。

(3)制定操作规程，必须确保内管到位后方可钻进，防止打单管。例如，三开钻进井段中，602.5~713.9m 为一大型断层破碎带，地层破碎，但在钻进过程中严格遵守操作规程，减少提大钻次数，快速钻进，钻进深度111.4m，取心率高达98%。

(4)必须严格执行"两打捞""三必提"。即岩心堵塞及时捞取内管；下钻遇阻处理无效必提；钻进中发现钻头"打滑"无进尺必提。

(5)一开采用 Φ139.7mm 大直径钻杆同径取心钻进，钻头 Φ145mm，减小钻杆与孔壁环空间隙，钻具稳定性好，采用高黏高切泥浆体系，护壁挟岩效果好，取心质量好，原状性好。

(6) 开展钻头与地层适应性研究，少提钻，减少对孔壁扰动，钻头使用寿命可达 300～400m。

(7) 优化钻进参数，采用高转速快速钻进，最快机械钻速达 6m/h 以上，减少涌水对岩心冲刷。

2. 内管投送与打捞措施

高压涌水地层进行水平绳索取心钻进，内管若投送不到位，需要提大钻，极大地延误施工进程，为此制定了严格的施工操作规程。

(1) 时间控制，同样泵量，每次投送内管时，尽量泵送时间长一点，确保内管具有足够的下行时间。

(2) 低速回转并上下活动钻杆，内管在钻杆中下行运动，因钻孔弯曲或钻杆内不规则，导致内管运行阻卡，通过钻杆回转或上下活动，便于内管到位，也有利于排砂。

(3) 触摸钻杆感觉，当内管到位时，用手触摸钻杆感觉到内管到位震击。观察泥浆泵柴油机声音和泵压变化，当内管投送到位时，泵压升高，柴油机负荷变大，声音变大。

(4) 打捞内管时，采用大泵量高泵压推送水平内管打捞机构，平衡孔内涌水压力，打捞内管，内管提出孔口后，快速投放已准备好的另一套内管总成。

3. 其他技术措施

(1) 各类原始记录必须按规定填写，记录齐全，字迹清楚，不得随意涂改，严禁追记和弄虚作假。

(2) 钻具丈量。绳索钻具的钻杆每单根的标准长度是 3m，加减误差小。

(3) 钻进过程中全孔进行简易水文观测，简易水文观测的内容包括：水位、水温、涌水量、水头高度、冲洗液消耗量等。每个回次提钻后和下钻前各观测一次孔内水位，中间停歇时间较长时应每隔 15～20min 观测一次，钻进过程中每半小时观测一次冲洗液消耗量。若消耗量突变，则加密观测，必要时观测稳定水位。

(4) 钻进过程中遇到孔内涌砂、掉块、坍塌、缩径、裂隙、溶洞及钻具掉落等异常现象时，应及时记录其发生的层位和深度及最大消耗量等。

7.1.6　钻探技术经济分析

本孔于 2020 年 7 月 26 日一开采用 Φ145mm 开钻，8 月 26 日钻穿覆盖层结束一开钻进，水泥固井，施工井段 0～48.00m。8 月 29 日二开采用 Φ122mm 绳索取心钻进，先采用泥浆钻进，而后涌水量大则改用清水钻进，9 月 30 日二开完钻，施工井段 48.00～588.00m。三开采用 Φ95.5mm 绳索取心，11 月 8 日三开完钻，施工井段 588.00～974.15m。四开采用 Φ75.5m 绳索取心钻进，12 月 2 日四开完钻，施工井段 974.15～1212.00m。

如图 7-10 和图 7-11 所示，本孔钻进周期 2492h（折合 103.83 天，3.46 台月），其中纯钻时间 392.63h，占总台时 16%；取岩心时间 1112.07h，占总台时 45%；起大钻时间 278.5h，占总台时 11%；测斜及特种作业时间 80.5h，占总台时 3%；辅助时间 520.3h，占总台时 21%；故障时间 108h，占总台时 4%。

如图 7-12 所示，优质高效完成了 1212m 水平绳索取心定向钻孔施工任务，方位偏差≤1°，钻孔实际顶角偏差 0.76°/100m，精度远高于钻探规程要求的斜孔顶角偏差小于 3°/100m，机械钻速 3.09m/h，台月效率 350.29m，创造国内水平绳索钻杆 PQ、HQ 深度 588m 和 974m 两项最新记录。

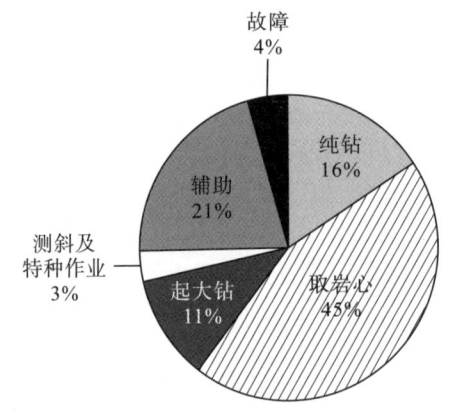

图 7-10　钻探时效分析图

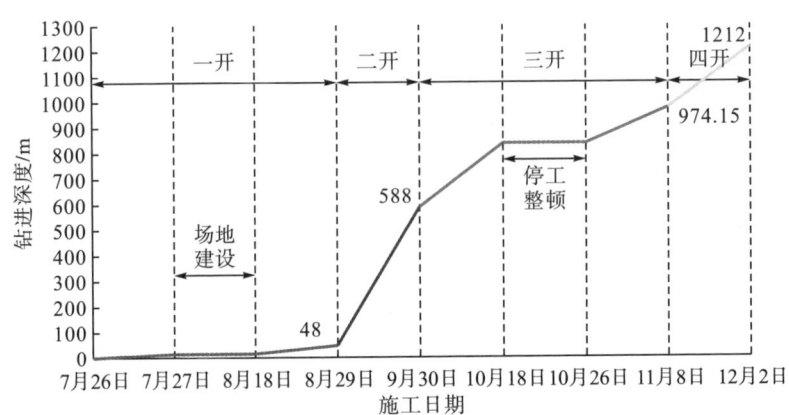

图 7-11　钻进速度曲线图

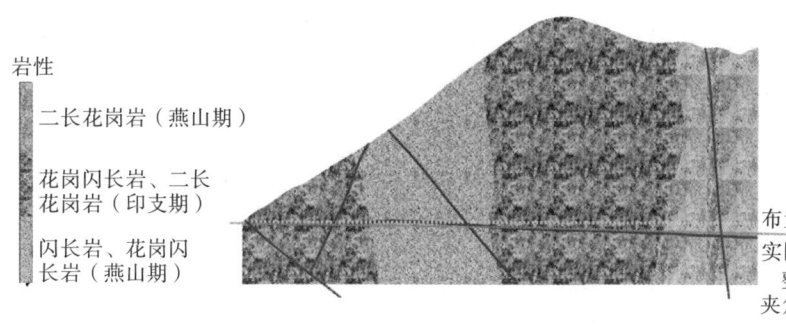

图 7-12　钻孔轨迹偏差断面分析

　　钻孔克服了严重涌水（60m³/h）、地层破碎水敏水化、陡倾岩层井斜等难题，提供原状岩心，平均岩心采取率达 97.76%（表 7-2），为查明洞身地质结构和开展孔内测井提供支撑，构建高山峡谷地区隧道勘察设计特殊地质因子获取地质新模型。

表 7-2　岩心采取率一览表

开次	井段/m	钻进井深/m	冲洗液类型	取心长度/m	岩心采取率/%	平均岩心采取率/%
一开	0～48.00	48.00	泥浆	44.78	93.29	
二开	48.00～588.00	540.00	清水	527.40	97.67	96.84
三开	588.00～974.15	386.15	清水	379.14	98.18	
四开	974.15～1212.00	237.85	清水	233.58	98.20	

　　自主研发超千米全液压动力头水平定向钻机。创新设计自动升降平台和变幅机构，解决了钻探装备水平钻进稳定性难题，实现远程控制无级变速，最大水平钻进深度 1800m（NQ），关键技术指标达到国内领先水平，可满足高山峡谷区工程勘察水平钻探需求。

　　研究团队研发了水平绳索随钻定向取心器具与工艺，攻克了水平绳索随钻定向仪器的推送器具、固定工艺和随钻定向技术，满足小直径水平绳索随钻定向钻进需求，创新形成一套水平绳索定向钻进器具与工艺，实现国内零突破。

7.1.7　钻探成果评价

　　DZ-定向试验-01 孔设计完钻井深 1000.00～1500.00m，采用三开孔身结构，预留四开结构，于 2020 年 7 月 26 日正式开钻，12 月 2 日全井完钻，完钻井深 1212.00m。根据工程技术要求，对工程质量从六大方面进行了考核评价。

　　在本孔的钻进过程中，高度重视和注意防止孔斜，钻孔按设计方向施钻，为保证施钻过程中钻孔沿设计轴线偏斜不大，施钻过程中每钻进 50m 测量孔斜一次。

完钻测试井底顶角 80.93°，顶角变化 9.07°，每 100m 顶角变化约为 0.76°，全孔施工过程中方位角在设计方位角左右 1°范围内波动，基本无变化，完全满足施工设计要求，孔身质量综合评价优秀。

针对岩心采取率，在实际钻进过程中，即使是钻遇大型断裂破碎层，岩心采取率也高达 98.00%，全孔平均岩心采取率为 97.76%，完全满足施工设计中完整基岩岩心采取率不小于 85%的要求，岩心采取率极高。

钻孔施工过程中，开孔 50m 处、每百米及终孔后都进行了钻孔孔深校正，终孔孔深误差 0.03m，满足设计要求。

钻孔按照水文地质设计要求进行了简易水文观测，对提钻前下钻后的水位进行了观测，对回次钻进过程中的冲洗液消耗量进行了观测、记录，终孔测井后，也进行了水位观测。

原始报表有钻探日志(日志上应有钻孔位置图)、随钻井温测试记录、钻孔孔深校正报告单、钻孔简易水文观测记录表、钻孔封孔记录表、钻头使用情况记录表、钻具使用情况记录表、全孔岩心彩色照片电子文档等。所有钻孔原始报表全面真实反映生产情况，现场及时填写，均有当班人员签字并做到准确、详细、整洁。

钻孔采用标号 42.5MPa 水泥，水灰比采用 0.5∶1，采用水泥浆灌注法进行全孔封闭，注浆完毕后设置了水面墙面钢板焊接作为钻孔标志牌，并标注有孔号、开孔终孔日期及孔深，取得了影像资料，如图 7-13 所示。

图 7-13　封孔孔口示意图

环境保护方面，严格按设计执行，遵循国家有关的法律法规，未对当地的环境造成不良影响，针对各开次施工中存在的难点、重点采取一系列科学措施，保障了孔内安全，缩短了钻井周期，孔斜、岩心采取率等方面均满足施工设计要求，本孔的钻探工作质量较好，对指导艰险山区铁路勘察设计具有重要示范意义。

该孔钻孔质量六大指标如表 7-3 所示。

表 7-3　钻孔质量六大指标

钻孔编号	孔深/m	岩心采取率/%	终孔顶角	孔深误差/m	简易水文观测	原始报表	封孔
DZ-定向实验 01 孔	1212	97.76	80.93°(0.76″/100m)	0.03	过程中和终孔后进行冲洗液和水位观测	报表内容完整，资料准确、翔实	水泥砂浆封孔，并设置钻孔标志牌

7.2　某隧道工程下斜定向钻探 1 号钻孔

7.2.1　钻孔概况

1. 交通位置及自然地理条件

下斜定向钻探 1 号钻孔即为 DZ-下斜定向深-01 孔。该定向孔位于山体南侧山腰，自建勘察便道 35km，交通不便。钻孔位置位于隧道上方 630m。钻孔位置如图 7-14 所示。钻孔钻进方位为 5°，与铁路走向垂直，设计孔深为 1200m。

图 7-14　孔口周围地貌及植被

2. 地质概况

1) 自然地理概况

隧址区地貌属于川西高原西部,藏东高山峡谷区东部构造剥蚀高山区,隧道入口海拔为4362.59m,出口海拔为3683.05m,隧道中海拔最高为5113.29m,最大相对高差为1437m,海拔不同往往地貌也存在差异。山体分水岭东侧山体坡角15°～30°,分水岭西侧山体坡角 30°～55°。洞身山体坡面覆土一般较薄,隧道洞身段海拔多在5000m 以上,植被不发育,其中隧道进出口附近植被以灌木为主。进口有施工便道,出口段紧邻国道,交通条件较好。区内地表浅层多为角砾土、碎石土,一般厚5～20m,局部较厚。斜坡地带地表多为草地,局部平缓处被垦为旱地。进、出口地形地貌见图7-15 和图7-16。

图 7-15　隧道进口地形地貌示意图　　　图 7-16　隧道出口地形地貌示意图

2) 地层及构造

(1) 地层。

区内地层按四级地层区划方案,归属为华南地层大区—巴颜喀拉地层区—玉树-中甸地层分区-稻城小区。

区内三叠系地层广泛分布,由老至新为三叠系列衣组(T_2ly)、曲嘎寺组(T_3q)、图姆沟组(T_3t);第四系成因复杂,按成因分主要有冰川(水)堆积、冲积、洪积、等类型,时代跨及Q_2～Q_4,其中主要为呈带状分布的冰川堆积物和冲洪积物。各地层由老至新分述如表7-4 所示。

表 7-4　区内地层划分

地层区划	华南地层大区
	巴颜喀拉地层区
	玉树-中甸地层分区
	稻城小区

续表

第四系 (Q)	全新统 (Q$_h$)	冲洪积 (Q$_4$$^{al+pl}$)（包括 I、II 级阶地）、冰川（水）堆积物（Q$_4$$^{f(g)}$)、泥石流堆积物 Q$_4$^{set}、残坡积堆积物 Q$_4$$^{dl+el}$、沼泽堆积物 Q$_4$^{fl}	
	更新统 (Q$_p$)	冲洪积 (Q$_3$$^{al+pl}$)	
		冰川堆积物 (Q$_2$^{gl})	
三叠系 (T)	图姆沟组	三段 (T$_3$$t_3$)	中厚—厚层状复成分砾岩、含砾砂岩，变细砂岩夹中层状变粉砂岩、板岩
		二段 (T$_3$$t_2$)	中—厚层状微晶灰岩、泥质条带结晶灰岩（大理岩）偶夹粉砂质板岩和安山质凝灰岩
		一段 (T$_3$$t_1$)	石英质砾岩与角岩化中厚—厚层状细砂岩、粉砂岩互层
	曲嘎寺组	四段 (T$_3$$q_4$)	厚层状大理岩化灰岩（大理岩）夹灰—绿灰色薄—中厚层状变粉砂岩、板岩
		三段 (T$_3$$q_3$)	变细粒砂岩与变粉砂岩、板岩韵律互层
		二段 (T$_3$$q_2$)	厚层—巨厚层状亮晶、泥晶灰岩
		一段 (T$_3$$q_1$)	深灰色板岩夹变细砂岩、变粉砂岩及玄武岩、透镜状灰岩
	列衣组	二段 (T$_2$$ly_2$)	灰色绢云板岩与灰色中厚—厚层状细粒杂砂岩互层
		一段 (T$_2$$ly_1$)	石英杂砂岩夹粉砂质板岩、绢云板岩

(2) 地质构造。

测区一级构造单元属羌塘-三江造山系、二级构造单元属甘孜-理塘弧盆系，三级构造单元属勉戈-青达柔弧后盆地。东侧以德格-乡城断裂与义敦-沙鲁里岛弧带主弧区为界，西侧以柯鹿洞-定曲河断裂与中咱地块为界。

勉戈-青达柔弧后盆地：属于弧后伸展断陷盆地，为图姆沟组和喇嘛亚组含火山岩的黑色砂板岩系。在弧后扩张盆地的西侧（靠中咱-中甸地块一侧）发育弧后板内火山岩带，主要为一套酸性火山岩系，呈带状与弧后盆地中的火山岩大体平行展布。盆地中后碰撞造山期（138～75Ma）花岗岩发育，形成区内一条重要的花岗岩带，即高贡-措莫隆花岗岩带。本区为青藏高原地质构造最为复杂的地段之一，主构造方向大多呈北西向，并且南北向、东西向和北东向的构造亦很发育。

受青藏高原构造挤压控制，最大主应力及物质流方向以 N60°W 为主，伴生近东西向（平行于线路走向）剪张性正断层，北西向与北东向共轭逆冲断层。东西南北交错的线性断裂构造组成了区内的构造格架。区内断层与褶皱共同构成测区北西向成块、成线的构造地貌。较大的断裂体系有查青卡-措纳学措断裂和茶洛-德达断裂。

在构造格架演化过程中，伴生大量小型断层及节理密集带，通过高清遥感影像可见线性迹象，延伸一般小于 1km。钻孔揭示宽度一般小于 10m，多作为节理密集带考虑，遥感判译断层 18 条，物探解译断层 14 条，节理密集带 47 条。隧址区整体小型断层及节理密集带极为发育，通过现有勘探精度难以准确探明其分布数量、位置。

(3)地震动参数。

测区 50 年超越概率 10%的地震动峰值加速度为 0.20g，50 年超越概率 2%的地震动峰值加速度为 0.34g，地震动反应谱特征周期 0.45s。

3)主要工程地质问题

隧道最大埋深约 1148m，洞身穿越地层岩性为三叠系上统曲嘎寺组，中统列衣组灰岩、板岩、绢云母板岩、含碳质板岩、砂质板岩、粉砂岩及燕山期花岗岩侵入体等，穿越 46 条断层，47 条节理密集带，2 条褶皱，属Ⅷ度地震区。主要工程地质问题有不稳定斜坡、滑坡及泥石流、季节性冻土、高地应力岩爆大变形、突涌水、有毒有害气体、冻害及冻融滑塌、涎流冰、冰雪灾害、放射性、高温热害等。

3. 钻探目的

(1)查明钻孔揭露地段地层岩性、地质构造(尤其是断层、构造节理发育规模及分布位置、断层破碎带物质组成)、岩体完整性。

(2)通过孔内地应力测试，查明隧道洞身段地应力特征。分析高地应力对隧道的影响程度，预测岩爆及软岩大变形的可能。

(3)查明花岗岩岩体构造、节理密集带发育位置及分布特征。查明隧道洞身附近水文地质条件，地下水的补给、径流、排泄条件及动态特征，各含水层发育分布特征及水力联系；确定各含水层涌水量预测相关水文地质参数，预测隧道断层附近涌水量，分析地下水水质及其侵蚀性。

(4)获取隧道工程岩体中放射性物质含量，查明孔内花岗岩岩体内放射性情况。

(5)查明地层中有无有害气体分布，测定有害气体含量、成分、压力，预测隧道有害气体涌出量，评价有害气体突出危险性。

(6)通过现场深孔测井和室内岩石试验，查明岩层的物理力学性质、力学分层，岩体和岩块的弹性纵波波速(V_p)、完整性系数等。

4. 工作内容及技术要求

(1)孔位要求：钻探单位应运用专业放孔设备对深孔孔位进行放孔，并实测孔口标高，或按中桩里程、偏距确定钻孔位置后实测钻孔坐标及高程，机台平整完成后，应准确量测钻孔位置挖填高度以准确计算钻孔孔口高程。

(2)勘探要求：钻探施工前应根据钻探技术要求和地层情况制订施工组织计划、安全、质量保证措施，其内容包括钻探过程控制措施，安全、质量管理措施等。

（3）钻探设备应根据技术要求和地层情况相应匹配，并保证设备状况良好。

（4）钻探应从孔位、取心、取样、岩性鉴定描述方面进行全过程管理。

（5）孔深要求：达到预计深度后根据钻孔岩心实际情况与地质组沟通，确定是否满足终孔条件。如遇地温异常，终孔前应报请专业组长、设计负责人现场检查验收后同意终孔时方可终孔。

（6）钻孔直径及钻杆要求：为保证孔内水文地质试验及采样的要求，终孔孔径不小于 91mm，考虑钻孔孔深大，地质条件复杂，整孔穿越两条构造，在满足各种孔内试验的前提下，可根据实际钻探情况 77mm 终孔，在孔深较深处如遇极其破碎或者涌水，可根据实际情况 60mm 终孔，但是 450m 之前严禁变径为 77mm，1000m 以前严禁变径为 60mm。钻杆直径要求全孔 42mm、50mm 钻杆钻进，杆壁厚度不作要求，若采取伸缩取心钻进，须采用厚壁管，以满足地应力测试要求。

（7）岩心采取率要求：黏性土 100%；岩石微风化带（W1）、弱风化带（W2）、完整基岩≥90%；砂类土、滑动面及重要结构面上下 5m 范围内≥70%；岩石全风化带（W4）、强风化带（W3）和构造破碎带、碎石类土≥65%。

（8）钻探分层要求：地层分界线允许误差±5cm，不应漏失大于 0.5m 的夹层。

（9）孔深、孔斜要求：预计孔深 1200m，孔深最大误差不允许超过±2‰。

钻孔按定向孔施钻，孔斜每增加 100m，垂直孔顶角增量不超过 3°（不足百米按百米计算），每 50m 测量一次钻孔顶角。终孔时须进行孔斜测量，全孔最大孔斜不超过 36°。

（10）钻探记录要求：应按规定格式由记录员现场填写，记录应及时，内容应准确、齐全、清晰；记录错误时应以横线划去记错部分在旁重写，不应涂改、挖补、撕毁。终孔后钻探记录应由机组长、地质人员核查签字后，方可使用、存档。

（11）岩样、水样取样规定：钻孔中采取岩石试样时岩心直径不小于 50mm，高度为直径的 1.2～2.2 倍，断口为斜面时以最低高度计。石样应填写标签，标明上下。做密度、含水试验的石样，应擦干净后立即密封。做磨片鉴定的石样应标明名称、产状和结构构造，断裂带上的石样应标明断裂方向。

水样样品中应少含泥沙，不应有油污等杂质。钻孔中采取水样，弱含水层应先将水提干，待水位上升后取样；含水层涌水量较大时应先抽出两倍以上孔内水体积后再取样。取水器皿应先用被取水样洗涤 2～3 次后方可取样。取样后应及时加盖密封。做侵蚀性测定水样数量不少于 1500mL，其他特殊试验按要求取样。

（12）岩心整理要求：采取岩心应按上下顺序摆放，填写回次标签，在一个回次采得两种不同地层岩心时应注明变层深度。发现滑动面、软弱结构面或薄层时，应加填标签注明起止深度，放在岩心箱相应位置。岩心必须装入岩心箱，填写标签，注明层次编号、岩层名称、起止深度。同时标明工程名称、钻孔编号、里程和钻孔深度。全部岩心应装箱保留至该孔验收（岩心标签齐全），并进行数码摄像。

　　(13)钻探施工、采样、测试结束后采用水泥砂浆封孔。

　　(14)安全注意事项：施钻过程可能会遇到高温热水或井喷，必须确保机器及施钻人员的安全。

　　(15)其他未尽事宜，应严格遵循《铁路工程地质钻探规程》(TB 10014—2012)执行。

　　(16)钻进过程中水平孔进行简易水文观测，简易水文观测的内容包括：水位、水温、涌水量、水头高度、冲洗液消耗量等。每个回次提钻后和下钻前各观测一次孔内水位，中间停歇时间较长时应每隔15～20min观测一次，钻进过程中每半小时观测一次冲洗液消耗量。若消耗量突变，则加密观测，必要时观测稳定水位。

　　(17)钻进过程中遇到孔内涌砂、掉块、坍塌、缩径、裂隙、溶洞及钻具掉落等异常现象时，应及时记录其发生的层位和深度及最大消耗量等。

7.2.2　钻探设备及器具

　　根据勘察区施工钻孔的特点，为顺利保质保量按期完成任务，选择 Diamec Smart 8 钻机一台作为施工钻机，按施工的需要进行配套。主要施工设备配置如表 7-5 所示。

表 7-5　主要施工设备

序号	名称	规格	产地	额定功率	单位	数量
1	钻机	Diamec Smart 8	瑞典	110kW	台	1
2	钻机动力组成部分	—	瑞典	111kW	台	1
3	发电机组	—	康明斯	360kW	台	1
4	液压泥浆泵	—	瑞典	钻机配套	台	1
5	潜水泵	—	中国	2.2kW	台	2
6	搅拌机	—	中国	5.5kW	台	2
7	清水泵	250	中国	—	台	1
8	测斜仪	—	中国	—	台	1
9	钻杆、钻具、钻头		瑞典	—	—	—
10	水管	32#	中国	—	根	200

　　Diamec Smart 8 钻机，是一款产自瑞典的全液压岩心钻机，如图 7-17 所示。钻机钻进角度可在−90°至 90°内任意调整，配有额定功率为 110kW 的发动机，动力头最大转速 1400r/min，最大扭矩 2425N·m。垂直向下采用不同钻杆的设计钻深能力为 1025m(HQ)、1745m(NQ)、2390m(BQ)。垂直向上采用不同钻杆的设计钻深能力为 585m(HQ)、1000m(NQ)、1505m(BQ)。

　　泥浆泵采用 Trido 140H 泵,该泵具有压力高、泵量可调节特点,适用于不同深度、不同口径的绳索取心钻进,流量为 140L/min,压力为 70bar,涌水孔段,对于快速推送内管、泵送水泥浆或堵漏材料固井、压井,具有较好优势。

图 7-17　Diamec Smart 8 钻机

7.2.3　钻探施工难点及钻进工艺

1. 钻探施工难点

　　(1)该孔岩性以花岗岩为主,节理及断层等构造较发育,局部岩心较为破碎,易出现垮孔、卡钻等事故。

　　(2)该孔后期可能出现涌水现象,加之地层破碎,易对钻探施工产生较大影响。

　　(3)钻孔极易偏斜。因该孔开孔顶角为 58°,易产生孔斜,斜孔所需钻压大部分需要钻机加压来提供,钻杆受压,很难控制钻孔的直线度,尤其是在破碎或者松软地层更易造成孔斜,一般钻遇坚硬地层时,顶角上漂,钻遇软弱地层时,顶角下漂。测斜大多在钻杆内测量,没有方位数据,水平孔测斜很困难。

2. 钻进工艺

　　为了保证钻探施工工期和施工质量,该孔全部采用绳索取心金刚石钻进工艺技术,绳索取心钻进注意事项如下。

　　(1)防止磕碰金刚石钻头。由于金刚石性脆怕冲击,操作使用必须“稳”和

"轻"。例如，钻头刚下至孔底开始钻进时，必须是轻压慢转，使钻头与孔底有一段磨合时间，如果给进过快过猛，不平整的孔底(或者孔内有残留岩心)将碰伤金刚石。下钻时要稳，勿使钻具撞击孔口管上端和换径台阶；下钻遇阻时不能猛墩或强扭钻具；拧卸钻头时不能将钳子咬在胎体上等。

(2)必须保持孔底干净，及时清除岩粉。由于金刚石怕高温，如果孔内不干净，就影响金刚石的冷却，很快就导致烧钻。另外，重复破碎这些岩粉，势必增加金刚石的磨损量，所以操作者要特别注意一个"净"字。采心时尽量采尽，不残留岩心；如果孔内有残留岩心，下金刚石钻头之前，必须将其消灭和将孔底磨平；在钻进过程中，根据岩层情况调好送水量，使它能及时清除孔底岩粉；在复杂地层中钻进，要防止造成孔壁"假坍塌"，所以在提升钻具时，要进行回灌，即往孔内灌泥浆，使孔内液面不下降，保证水柱对孔壁的静水压力。此外，上下钻时要放慢速度，因提钻过快所产生的抽吸力和下钻过猛钻杆柱对孔壁产生的冲击动能都会人为地使孔壁坍塌掉块，使孔底不干净。

(3)注意钻具工作的稳定性，采取措施防振。振动既影响开高转速，又加剧金刚石的磨损，所以在钻进时要尽可能排除一切造成振动的因素，如不采用级配不合理的钻具和弯曲的钻具、不采用与地层不相适应的钻进规程、不使用偏磨的钻头等。

(4)严格检查钻杆加工精度，特别是丝扣部分，一定要符合规定要求，严禁使用质量不合格的钻杆。钻杆连接后一定达到内平，否则妨碍内管装置上下，导致事故。

(5)要避免打单管现象。绳索取心钻进一旦打"单管"，就会打捞不上岩心，造成提钻重新套扫，带来不少麻烦，因此尽可能设法避免。例如，当孔内不干净，有残留岩心，则下外管时不能一下到底，否则残留岩心进入外管，内管装置就下不到预定位置。又如，用绳索提取岩心后，向孔内投放内管装置时，采用水力压送内管，要掌握好内管下到底的时间，确保到位。不能在内管装置下到底前就开始扫孔或钻进，形成打"单管"现象。

(6)要防止岩心堵塞。岩心堵塞影响钻进效率，增加钻头磨损，重者引起烧钻。所以一旦发生岩心堵塞，应及时认真处理。造成岩心堵塞的原因较多，例如，钻进的岩层破碎、有裂隙节理片理发育，软硬不均；钻具配合不好，特别是卡簧与钻头的配合不合适；钻进规程参数不当，转数、轴压忽高忽低，冲洗液量过大，给进不均匀；操作不当，如开、关车不平稳；倒杆时提动了钻具；钻进中频繁提动钻具，使岩心折断碰碎等。如岩心轻微堵塞，泵压和返水正常，可稍微上下活动钻具处理，若处理无效，应及时提钻，切勿硬磨打懒钻。提钻后要认真分析造成岩心堵塞的原因，及时采取预防措施。

(7)要防止烧钻。烧钻原因往往是孔底不干净、轴压太大、给进过快、操作不当。关键是孔底缺水循环，金刚石冷却不良。所以预防烧钻的主要措施是注意整个送水系统(包括地表管路和孔内钻具)是否畅通,中间有否泄漏,以及冲洗液是否真正到孔底。另外,在钻进过程中,不要加大钻压来追求进尺速度;要根据岩层性质,控制合理的钻进时效;要设立专职看水员,经常检查水泵的工作性能;随时观察三个表(泵压表、孔底压力指示表、电流表)的指针变化;遇到岩心堵塞及时提钻等。

7.2.4　钻探施工情况

根据勘察区岩层情况、钻探施工的特点、结合孔深等因素,设计钻孔结构:开孔用 Φ146mm 钻头开孔,下入 Φ150mm 井口管,然后换径用 Φ127mm 钻头钻至稳定岩层(约 20m 孔深处),以 Φ127mm 钻杆作套管,接着换用 Φ108mm 钻至约 100m 孔深(弱风化层),然后再采用 Φ108mm 钻杆作套管,换 Φ95mm 钻至约 800m 孔深处,再换 Φ75mm 钻头作为终孔口径,一直钻进至终孔。

1. 一开施工

本井于 2020 年 9 月 19 日一开开钻,使用 Φ146mm 人造孕镶金刚石钻头钻进,一开保证井眼开直,钻压由小到大,严格按照设计要求处理钻井液,保证钻井液清岩、悬浮特性,保证将钻屑挟带出井,防止沉砂,同时保证井壁稳定。

9 月 19 日钻进至 3.6m,岩性为块石土,块石岩性为花岗岩(图 7-18),结束 Φ146mm 开孔管一开钻进。当日将 Φ146mm 钻杆下入孔内作为套管保护孔壁。

一开 146mm 口径(泥浆钻进)施工井段 0～3.6m,进尺 3.6m,纯钻 3.33h,钻速 1.20m/h。

图 7-18　花岗岩岩心

2. 二开施工

二开井段采用钻孔孔径 Φ127mm,井段深度 3.6～15.4m。

1）施工简述

本井于 2020 年 9 月 19 日二开开钻，使用 Φ127mm 人造孕镶金刚石钻头钻进，采用浓泥浆钻进以保证井壁稳定。9 月 20 日钻进至 15.4m，依然未穿透覆盖层，岩性以细角砾土、碎石土等为主。孔壁垮塌严重，结束二开钻进，将 Φ127mm 钻杆下入孔内作为套管保护孔壁。

二开 127mm 井眼（泥浆钻进）施工井段 3.6～15.4m，进尺 11.8m，纯钻 24h，钻速 0.49m/h，岩心如图 7-19 所示。

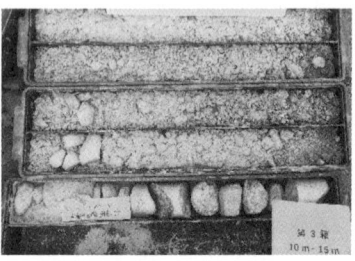

图 7-19　典型岩心

2）钻具组合及钻进参数

二开依然采用提钻取心，钻孔直径 Φ130mm，Φ127mm 取心钻具，钻杆为 Φ127mm 绳索取心钻杆。钻具组合：Φ127mm 钻头＋Φ130mm 扩孔器＋Φ127mm 岩心管＋变径接头＋Φ127mm 钻杆＋变径接头＋主动钻杆。钻进过程中施加钻压 10MPa，钻杆转速 450r/min。

3）钻头使用分析

二开共计使用钻头 1 只，其使用情况分析如表 7-6 所示。

二开继续在覆盖层（3.6～15.4m）内钻进，岩性以细角砾土、碎石土为主。使用泥浆钻进至 15.4m，二开完钻，单只钻头进尺 11.8m，纯钻时间 24h，机械钻速 0.49m/h。

表 7-6　二开钻头使用情况

编号	尺寸/mm	类型	厂家	钻进井段/m 自	至	进尺/m	纯钻时间/h	机械钻速/(m/h)
1	127	孕镶金刚石	无锡锋锐	3.6	15.4	11.8	24	0.49

4）泥浆使用情况

地质情况及施工难点：钻探地点为半坡堆积体，覆盖层岩性主要为细角砾土、碎石土等。二开地层破碎，应适当提高黏切，加强体系的胶结防塌性能。钻井液类型采用水基钻井液，配方：3%膨润土+0.05%PHP+4%植物胶+0.02%烧碱。配制方法及注意事项：在搅拌机内加入清水，缓慢加入膨润土，搅拌均匀，再缓慢加入聚丙烯酰胺，搅拌均匀后再加入植物胶，最后加入烧碱。在加入聚丙烯酰胺和植物胶时必须强烈搅拌均匀后再进入循环系统。

覆盖层地层较破碎，岩性以细角砾土为主，钻探过程中对泥浆材料的消耗量较大，因此开钻前先对钻井液材料进行补充。其中，植物胶的消耗速度最快，在钻进过程中，根据钻井液性能，实时补充植物胶的量。

3. 三开施工

三开井段采用钻孔孔径 Φ95mm，井段深度 15.4～48.0m。

本井于 2020 年 9 月 20 日三开开钻，使用 Φ108mm 人造孕镶金刚石钻头钻进。在 9 月 21 日 20:00 交接班过程中，发电机出现故障，经检修后于 9 月 23 日恢复钻进，9 月 23 日钻进至 35.5m，经现场地质人员确认已穿透覆盖层并进入强风化基岩，其中三开覆盖层岩性以粗角砾土为主，钻进过程中孔壁易垮塌，故采用浓泥浆进行钻进。9 月 24 日钻进至 48m 左右，基本穿透强风化基岩（二长花岗岩）层位，故结束三开钻进，将 Φ108mm 钻杆下入孔内作为套管保护孔壁，如图 7-20 和图 7-21 所示。

三开 108mm 井眼（泥浆钻进）施工井段 15.4～48.0m，进尺 32.6m，因发电机故障频发，大部分时间均处于停钻检修设备状态，纯钻时间仅 31h 左右，钻速 1.05m/h。

图 7-20　覆盖层岩心 　　　　图 7-21　强风化二长花岗岩岩心

4. 四开施工

四开井段采用钻孔孔径 Φ95mm，井段深度 48.0～773.1m。

1）施工简述

2020 年 9 月 25 日四开开钻，使用 Φ95mm 人造孕镶金刚石钻头钻进。10 月 20 日钻进至 511.0m，地层岩性以二长花岗岩为主，强风化花岗岩（图 7-22）与弱风化花岗岩（图 7-23）交替出现，其中强风化花岗岩多体现为节理密集带或断层，在该段岩层钻进过程中，多次出现设备故障，经多次检修后确认是发电机动力不足造成的。机组于 10 月 21 日果断更换一台更大功率（450kW）发电机组，更换后发电机组后于 11 月 9 日钻进至 771.3m，岩性以弱风化黑云母花岗岩为主，岩心多呈柱状。此时发现钻机负荷已较重，转速较慢，考虑到继续钻进风险较大，故决定结束当前口径钻进，当日立即将 Φ95mm 钻杆下入孔内作为套管保护孔壁，结束四开施工。

四开钻进施工井段 48.0～773.1m，进尺 725.1m，钻探周期为 45d，其中纯钻时间约为 675h，平均钻速 1.07m/h。四开钻进共计用时 1079h，折合约 45d。

图 7-22　典型强风化花岗岩岩心

图 7-23　典型弱风化花岗岩岩心

2）钻具组合及钻进参数

四开采用 HQ 系列绳索取心钻进，Φ95mm 绳索取心钻杆，根据地层情况和钻机能力尽可能向深处钻进。钻具组合：Φ95mm 钻头＋Φ96mm 扩孔器＋钻具外管＋Φ96mm 扩孔器＋弹卡室＋变径接头＋Φ95mm 钻杆。钻进过程中，前期施加钻压 12MPa，钻杆转速 550r/min，泥浆泵泵压控制在 7MPa，排量约为 140L/min，后期因钻进深度加深，钻具负荷增大，钻机转速降低至 200r/min，根据钻进需要，将钻压调整为 8.5MPa。

5. 五开施工

五开井段采用钻孔孔径 Φ75mm，井段深度 773.1～1205.8m。

1）施工简述

2020 年 11 月 10 日五开开钻，使用 Φ75.5mm 人造孕镶金刚石钻头钻进。11 月 21 日钻进至 1010m 左右时，该孔开始出现涌水现象，地下水自孔口溢出（非喷出状态），该状态持续全终孔，平均涌水量约为 $2m^3/h$（0.56L/s）左右，水量偶有起伏。12 月 2 日钻至 1205.80m，完成钻探目标任务。五开井段岩性以一套弱风化花岗岩为主，其中二长花岗岩与黑云母花岗岩交替出现，局部见强风化二长花岗岩，典型岩心见图 7-24。

图 7-24　典型岩心

五开 Φ75mm 井眼钻进施工井段 773.1～1205.8m，进尺 432.7m，纯钻时间 384h，平均钻速 1.13m/h。五开钻进共计用时 510h，折合 21.25d。

2）钻具组合及钻进参数

五开采用绳索取心钻进，Φ75mm 绳索取心钻杆。钻具组合：Φ75mm 钻头＋ Φ76mm 扩孔器＋钻具外管＋Φ76mm 扩孔器＋弹卡室＋变径接头＋Φ75mm 钻杆。钻进过程中，施加钻压 12MPa，钻杆转速 350r/min，泥浆泵泵压控制在 8MPa，排量约为 150L/min。

7.2.5　钻探质量保证措施

DZ-下斜定向深-01 孔设计完钻井深 1200.0m，采用五开孔身结构，于 2020 年 9 月 19 日正式开钻，12 月 2 日完钻，完钻井深 1205.8m。

1. 涌水问题

(1)修建孔口排水沟,及时排除涌水。

(2)迅速投送内管,现场应至少准备 2 套内管总成,当上一循环内管打捞起后,迅速投入下一循环内管总成,避免涌水进钻杆。

(3)当遇孔内垮塌同时涌水时,停止钻进,采用高压从孔口压入水泥浆,或添加封堵材料,密封孔口,静置一段时间后,再通孔,封堵涌水段落。

地层破碎水敏水化:主要采用套管护壁及根据地层岩性特点(可钻性、耐磨性等)并结合钻探工艺,调整泥浆配比,达到维持孔壁稳定、防止孔壁坍塌、具有高度润滑性、降低摩擦力、保护钻具、降低环境污染的目的。

2. 易偏斜

在本孔的钻进过程中,高度重视和注意防止孔斜,钻孔按设计方向施钻,为保证施钻过程中钻孔沿设计轴线偏斜不大,施钻过程中每钻进50m测量孔斜一次。完钻测试井底顶角 55.5°,顶角变化 2.5°,每 100m 顶角变化约为 0.21°,斜孔施工过程中方位角在设计方位角左右 5°范围内波动,变化较小,完全满足施工设计要求,孔身质量综合评价优秀。

(1)准备工作中首先保证钻机整体设备安装周正、稳固,确保钻机稳定。

(2)在孔口浇筑混凝土,垂直平整并稳定覆盖层,确保开孔不偏斜。

(3)钻进过程中应保证恒定的钻速、钻压及有关钻进参数,且宜采用低转速小钻压推进,钻进时要轻压慢转,其长度随钻孔延深逐渐加长。当岩层由软变硬时应采用慢速、轻压钻进一定深度后,改用硬岩层的钻进参数且在钻进过程中尽量减少换径次数。

(4)钻进过程中随钻测斜,当钻孔发生偏移时采用随钻定向纠斜措施,防止孔斜超限。

3. 其他技术措施

钻孔施工过程中,开孔 50m 处、每百米及终孔后都进行了钻孔孔深校正,终孔孔深无误差,满足设计要求。

钻孔按照水文地质设计要求进行了简易水文观测,对提钻前下钻后的水位进行了观测,对回次钻进过程中的冲洗液消耗量进行了观测、记录,终孔测井后,也进行了水位观测。

原始报表有钻探日志、钻孔孔深校正报告单、钻孔简易水文观测记录表、钻孔封孔记录表、水平孔岩心彩色照片电子文档等。所有钻孔原始报表全面真实反映生产情况,现场及时填写,均有当班人员签字并做到准确、详细、整洁。

环境保护方面，严格按设计执行，遵循国家有关的法律法规，未对当地的环境造成不良影响。

针对各开次施工中存在的难点，重点采取一系列科学措施，保障了孔内安全，缩短了钻井周期，孔斜、岩心采取率等方面均满足施工设计要求。

7.2.6　钻探技术经济分析

1. 钻进效率

本孔于 2020 年 9 月 19 日一开采用 Φ146mm 开钻，钻进至 3.6m 后结束一开钻进，下 Φ146mm 套管护壁，施工井段 0～3.6m。二开采用 Φ127mm 绳索取心，9 月 20 日二开完钻，施工井段 3.6～15.4m。三开采用 Φ108mm 绳索取心钻进，9 月 24 日三开完钻，施工井段 15.4～48.0m。四开采用 Φ95mm 绳索取心钻进，11 月 9 日四开完钻，施工井段 48.0～773.1m。五开采用 Φ75mm 绳索取心钻进，12 月 2 日五开完钻，施工井段 773.1～1205.8m。本孔钻进周期 73d，日均进尺达 16.52m，台月效率为 495.60m，日均进尺、台月效率均处于国内定向钻探前列水平。

2. 钻孔轨迹控制

优质高效完成了 1205.8m 水平绳索取心定向钻孔施工任务，方位偏差≤5°，孔斜 0.21°/100m。

3. 岩心采取率

钻孔地层结构：0～35.43m 为覆盖层，主要为粗角砾土，次为块石土及细角砾土，平均采取率为 91%；35.43～702.59m 的岩性以二长花岗岩为主，强风化与弱风化花岗岩交替出现，其中强风化花岗岩多体现为节理密集带或断层，该段平均采取率为 97%；702.59m 至终孔，岩性以弱风化花岗岩为主，其中二长花岗岩与黑云母花岗岩交替出现，局部见强风化二长花岗岩，平均采取率为 98.5%。全孔采取率均在 90% 以上，平均采取率为 97.8%。

4. 综合测井

该孔顺利完成了综合测井，了解孔内地温变化规律，详细划分出孔内地层岩性剖面、查明地质构造，尤其清楚了破碎带的范围，查明了含水层位置；通过井径、井斜测量，确定了钻孔空间位置。

5. 地应力测试

根据测试要求及该测试孔岩心和钻孔泥浆的实际情况，在 DZ-下斜定向深-01 孔选定 6 个测试段（表 7-7、表 7-8 和图 7-25）。

表 7-7　地应力测试一览

测试序号	深度/m	岩性	测试时间
1	1200.0～1200.7	花岗岩	2020 年 12 月 5 日
2	1150.0～1150.7	花岗岩	2020 年 12 月 5 日
3	1060.0～1060.7	花岗岩	2020 年 12 月 6 日
4	945.0～945.7	花岗岩	2020 年 12 月 6 日
5	845.0～845.7	花岗岩	2020 年 12 月 6 日
6	780.0～780.7	花岗岩	2020 年 12 月 7 日

表 7-8　地应力测试

序号	深度/m	特征压力/MPa				主应力/MPa			抗拉强度/MPa	最大水平主应力方向/(°)
		P_b	P_r	ISIP	P_c	$S_{h_{min}}$	$S_{h_{max}}$	S_v	P_t	
1	1200.0～1200.7	34.56	32.11	30.93	29.65	29.65	45.08	31.20	2.45	N68W
2	1150.0～1150.7	33.83	31.54	30.26	28.65	28.65	43.14	29.90	2.29	N65W
3	1060.0～1060.7	35.64	33.46	30.62	27.72	27.72	39.31	27.56	2.18	N63W
4	945.0～945.7	32.14	29.32	26.75	24.85	24.85	35.97	24.57	2.82	—
5	845.0～845.7	29.43	25.64	24.56	22.03	22.03	32.17	21.97	3.79	—
6	780.0～780.7	24.82	21.81	21.35	19.43	19.43	28.84	20.28	3.01	—

注：P_b 为地层开裂压力；P_r 为裂缝重张压力；ISIP 为瞬时关井压力；P_c 为裂缝闭合压力；$S_{h_{min}}$ 为最小水平主应力；$S_{h_{max}}$ 为最大水平主应力；S_v 为竖向应力（岩石容重 2.60g/cm³）；P_t 为岩石抗拉强度。

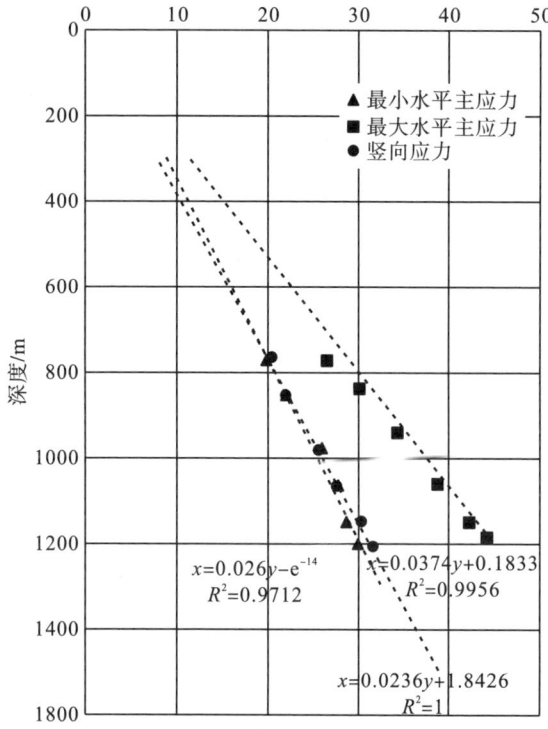

图 7-25　应力分布(单位: MPa)

6. 有害气体测试

钻孔完成后在孔口接"L"形管,采用多层塑料袋绳子缠绕封孔 24h,利用大气采样装置采集气体样品 2 个(3L/个,共 6L),进行分析测试。

7. 水文观测

该孔初见水位在 47m 左右,之后水位逐渐上升,最终稳定水位为 17m。直到钻进至 1010m 左右,该孔开始出现涌水情况,地下水自孔口溢出(非喷出状态),该状态持续至终孔,平均涌水量约为 $2m^3/h(0.56L/s)$,水量偶有起伏。

7.2.7　钻探成果评价

1. 地层岩性

根据区域地质资料、地质调绘及钻探解释,钻孔地层岩性为坡崩积层(Q_4^{dl+col})含角砾粉质黏土、粗角砾土、碎石土、块石土,基岩为燕山期花岗岩、二长花岗岩,断层角砾,工程地质纵断面如图 7-26 所示。

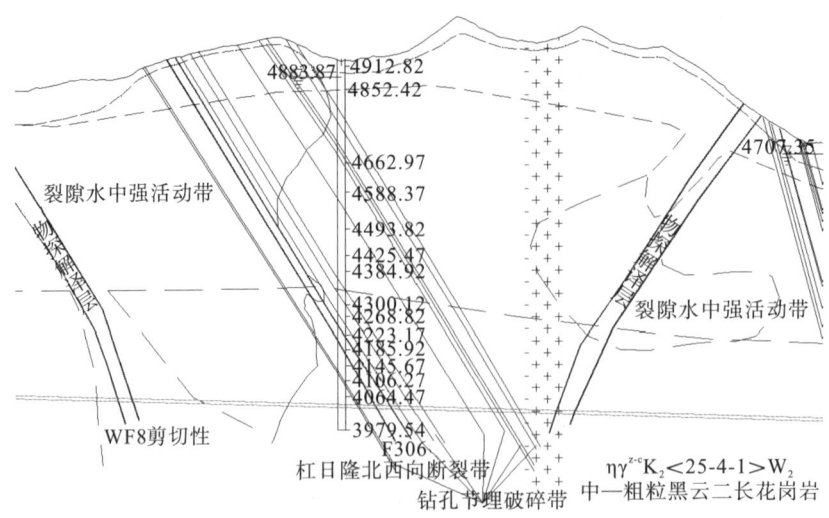

图 7-26　隧道定向孔段工程地质纵断面示意图(单位：m)

燕山期花岗岩：岩石呈灰、浅灰色，具中细粒花岗结构、似斑状结构，中—粗粒结构，块状构造。斑晶大小不等，含量为 10%～30%，成分主要为石英(20%～35%)、正长石、斜长石等；基质矿物成分主要由石英、正长石、斜长石及黑云母等组成。岩体结构面有断层、节理、岩体与围岩的接触面，各侵入体之间的接触面。节理分为卸荷节理和原生节理：卸荷节理位于地表深度小于 100m 处；原生节理为横节理和纵节理，延展性较强，深部有变弱和闭合的趋势。

断层角砾：其原岩为花岗岩，呈灰白色，岩心外观呈块状、碎块状，可见挤压、摩擦镜面等构造迹象，角砾宽 30～40cm，角砾直径 1～15cm 不等。

2. 地质构造

根据现场地面地质调查和目前已揭露的构造结果显示，设计钻孔施钻方向已揭露节理密集带 9 处，合计宽约 123.6m，约占比例 10.25%，单个节理密集带宽 3～22m 不等，节理带中岩心外观呈块状、碎块状，钻进中极易出现卡钻、堵心等事故。已揭露 1 条次级断层：693.4～702.59m 处断层揭露宽度 9.19m，断层充填物呈角砾状，断层影响带较窄。

3. 岩土体强度及完整性

该钻孔共取岩样 15 组进行岩石实验，均为花岗岩。

花岗岩天然密度为 2.45～2.88g/cm³；天然抗压强度为 22.3～90.5MPa，平均值为 35.6MPa，标准值为 34.8MPa；饱和抗压强度为 5.22～75MPa，平均值为

28.6MPa，标准值为 29.2MPa；凝聚力 C 为 4.4～6.8MPa，平均值为 5.1MPa，标准值为 5.3MPa；内摩擦角 φ 为 19°～41.5°；纵波波速为 3122～5376m/s。

岩体节理密集带 RQD 值为 7.15%～14.92%，破碎—较破碎基岩 RQD 值为 25.16%～40.95%，较完整—完整基岩 RQD 值为 70.29%～90.58%。

4. 地下水发育情况及侵蚀性

该孔初见水位在 47m 左右，之后水位逐渐上升，最终稳定水位为 17m。直到钻进至 1010m 左右，该孔开始出现涌水情况，地下水自孔口溢出（非喷出状态），该状态持续至终孔，平均涌水量约为 $2m^3/h$（0.56L/s），水量偶有起伏。

孔口取涌水进行水质简分析，水质类型为 $HCO_3^- - Ca^{2+}$ 型水，根据 TB 10005—2010 判定无侵蚀性；按 GB 50021—2001（2009 年版）判定，按 Ⅱ 类环境、B 类环境，对混凝土结构腐蚀等级为"微"。

5. 地应力测试

通过地应力测试和分析，地层最大水平主应力为 45.08MPa，最大水平主应力方向为 N68W。

6. 隧道围岩分级

钻孔全长 1205.8m，根据钻探揭示岩体完整性及构造，结合地层岩性、地形地貌对隧道围岩进行划分。其中，Ⅴ 级围岩为 470.5m，占比为 39.1%，Ⅳ 级围岩为 735.3m，占比为 60.9%。

第8章 结论与展望

8.1 结 论

建设铁路隧道，前期的工程勘察尤其重要，其中为准确获取地下地质资料的地质钻探取心更是关键。在复杂艰险山区，由于复杂地形地貌、地质构造、工程地质和水文地质条件，造就了该区不良地质问题的类型多、分布广、规模大的特点，并且传统的超深垂直钻探取心因设备、人员运输等受到一定限制，难以完全适应复杂艰险山区勘探工作。长大深埋隧道工程通过高大山脉，隧道比例极高，其所在的复杂艰险山区具有诸多建设难题，以复杂艰险山区铁路隧道工程建设为背景，地质勘探以超长超深定向钻探取心为方向，研究并建立了一套铁路隧道工程超长水平孔绳索取心定向钻探体系，并成功应用于铁路典型工程现场。

此超长水平孔定向钻探体系主要包括以下三个部分。

1. 钻探方法与技术

采用了小直径绳索取心钻进。绳索取心钻进是一种不提大钻连续取心或提钻次数很少的钻探方法，取代提钻取心，与之相比，取岩心时不需要提出钻孔内的全部钻杆柱，而用专用带钢丝绳的打捞器，通过孔内钻杆中心孔将装有岩心的孔底内管提至地面，获得岩心，从而减少了提下钻次数和升降钻具的辅助时间，提高了钻进效率。该技术的特点是"三高一低"，即钻速高、金刚石钻头寿命长、时间利用率高，工人劳动强度低；并且配套的钻探设备和泥浆泵体积小，重量轻，运输方便，占地面少，适合于高山、沟谷等交通不便的地区勘察。使用了小直径弯螺杆马达/有线随钻定向钻进，在发生了钻孔偏斜或防斜，可以精确定向、控制钻孔轨迹且可连续造斜，使用的绳索取心钻杆，既可用于定向纠斜钻进，也可用于取心钻进。还研发了水平定向仪器输送固定打捞机构，在原有钻具总成保持原样不变的情况下，实现有缆随钻定向纠斜仪的放置、弹卡定位和打捞回收。并且针对铁路隧道存在的高陡构造、涌水漏失严重、软硬不均等主要定向技术难题设计了相应的定向轨迹控制措施。

研制高强度绳索取心钻杆，有更高的强度和耐磨性，采用了整体热处理，钻杆疲劳强度高，密封性能好。详细制定了超长水平孔绳索取心定向钻探技术方法，包括采用三开孔身结构，预留四开结构的钻孔结构设计；水平(仰斜)绳索取心钻具组合；针对岩石硬度为 5～6 级，主要以层理发育、岩石研磨性强的砂板岩为主的地层，选用人造孕镶金刚石钻头、聚晶扩孔器，对不同的地层条件合理选取钻压、泥浆量、转速等钻进参数。

研制的定向孔 JJSZ-1 随钻测井系统包括 JDSW-1 电阻率声波组合无缆测井仪和定向钻孔孔内光学成像仪两大部分，前者为获取地层岩性，确定软弱、破碎和含水岩体，划分隧道洞身围岩级别，确定有无地温及放射性异常，以及了解钻孔孔斜及钻孔空间位置等提供可靠的资料。在超长定向勘察孔和隧道内超前水平钻孔中采用光学成像组合电阻率、声波、井温、井斜等参数的测试方法，可获得深部岩体物性参数，该类参数的获取不仅可独立解译钻孔信息，更可为其他物探方法提供帮助。

2. 钻探装备及器具

针对艰险山区铁路隧道工程勘察的需求，研制了 GXD-5S 1500m 水平岩心钻机。该设备基于绳索水平定向钻探技术，沿隧道轴心长距离钻进取心，水平钻孔的轨迹沿隧道走向，获取精确的钻探勘察资料，能真实反映该隧道内的地质情况，为隧道选址及后续隧道施工提供详细的实物地质资料。钻机由六大部分组成：动力机、履带行走机构、回转装置、给进机构、钻塔升降平台和液压传动系统。钻机具备足够的动力，可以处理在钻进断层、软弱夹层、破碎带、节理发育层可能出现的垮孔、卡钻和抱钻等孔内事故。

钻塔升降平台：创新性地把钻塔、变幅机构及绞车集成在一个可升降的平台上。在钻进状态下钻机的稳定性大大加强，且动力头的高度下降有利于钻进工序的操作，避免高空作业。

变幅机构优化：铁路勘察孔设计钻孔倾角为 0°～90°，设计能满足钻孔倾角为 0°～90°的孔的变幅机构，最大限度地降低钻塔垂直高度，使钻塔小倾角状态能有效触地。设计的升降平台与优化后的变幅机构组合使得钻塔水平放置姿态的距地高度最大限度地低。钻机钻塔在处理复杂工况时的受力能有效地传至地面，钻机整体受力状态较好，具有较高的稳定性，且距操作平台这个高度方便工人操作，操作省力。

液压系统设计：GXD-5S 岩心钻机所有功能均为液压驱动，操作方便，控制精准，取心作业效率高。设计的系统不存在大量多余的液压油的溢流情况，可以大量降低能量损失和系统发热。

将 GXD-5S 1500m 水平岩心钻机应用于铁路隧道，实施定向试验孔的水平取心钻探工作。试验表明该钻机各项性能可靠、稳定，达到了设计要求，且能很好地进行水平绳索取心钻进施工。

3. 钻探绿色工程材料

针对高寒生态脆弱区复杂地层钻探的工程背景，采用理论分析、室内试验与微观分析相结合的方法，从低温绿色钻井液性能要求出发，从植物胶原材料的优选、低温植物胶冲洗液的制备与性能以及基于微观特征分析的低温作用机理等方面，对低温绿色植物胶冲洗液体系进行较为系统的研究，从而为解决高寒生态脆弱区低温冲洗液技术难题提供新的解决方案。

传统的钻孔护壁技术倾向于从钻井液角度着手解决钻孔孔壁稳定问题。但是配制钻井液的材料与程序比较复杂，成本较高；在遇水不稳定地层，钻井液在某种程度上会恶化孔内环境，影响孔壁稳定；另外，对于大裂隙、大溶洞及严重漏失、涌水、坍塌地层，使用钻井液护壁往往无效。套管技术在解决此类复杂地层具有一定的效果，但是因其起拔困难，效率较低，且受钻孔深度影响，应用范围有其局限性。目前，比较具有发展前景的膨胀套管技术在国外已经成功地进行工业应用，为解决复杂钻孔问题提供了一种新的可行手段。但是，在国内该项技术尚处于摸索试验阶段，膨胀套管应用于地质钻探工程实际尚有一定的距离。因此，针对诸如松散破碎、软硬互层、强水敏性、陡倾宽缝或动水冲蚀等复杂地层钻进过程中，采用钻井液护壁效果往往有限。套管也因钻孔深度的增加，孔径空间有限，在应用上也有其局限性。在这样的背景下，亟须探索新的钻孔护壁方法，建立一套高效、便捷的钻孔护壁技术体系，解决铁路勘探中的钻孔护壁技术难题。

在复杂艰险山区中，很多地层都存在陡倾宽缝、溶蚀等，导致漏失严重，会影响定向钻进及相关工作，因此针对钻孔漏失问题进行深化研究，建立一套适于超长定向孔的钻孔堵漏技术方法体系，将惰性材料和智能凝胶复合使用时，其堵漏效果和承压能力都显著提高，在逐渐增压的过程中也没有出现漏失的情况。此种复合堵漏材料有效解决了超长水平定向孔钻进中严重漏失地层的钻孔堵漏问题。

8.2　展　　望

为顺利、高效地完成铁路隧道工程的前期地质勘探工作，建立一套适应于复杂艰险山区的超深水平孔绳索取心定向钻探体系。若该体系能更进一步优化且与其他领域相结合，会使得定向钻探取心更加高效、安全、绿色、经济合理，能够全面获取沿设计轴线精细化多维地质信息并且能够被即时应用。

(1)进行钻探装备研制和关键钻探技术攻关，构建安全、高效、经济合理的水平定向勘察技术体系。

优化已研发的钻机，使其智能化、模块化；对超长水平定向钻进和取心技术进一步研究，针对不同复杂的工况，创新融合绳索取心钻进及其他钻进技术(如全面钻进)，形成安全高效的超长水平孔多工艺复合钻进技术，实现在轨迹定向的同时进行连续取心作业；开展随钻测量新型技术研发，研制新型无线随钻测量仪和多功能探测短节及配套的数据高速传输技术，在实现钻孔高精度测绘的同时，对近钻头孔内地层参数进行实时采集和评价。

(2) 钻探工程材料。

在冲洗液方面，复杂地层条件下的井壁稳定、防钻孔偏斜、提高钻探效率、绿色无污染依旧是冲洗液研究的主题。只有合理调整冲洗液密度，冲洗液有足够的抑制性、封堵能力，井壁才能稳定；复杂地层深孔、超深孔不断涌现，环境保护问题也越来越突出。冲洗液是钻井施工中重要的环节，同时也是对环境产生污染的主要来源。研发全新的绿色冲洗液体系，测量冲洗液各项性能参数具体范围，即能够准确评价冲洗液性能，使得地质钻探中面临各种工况下不再是经验的合理利用，而是能调整相应性能参数以适应钻进。

目前护壁堵漏材料的发展大多数是将纳米材料与原有材料进行复合，可以提升护壁堵漏性能。纳米材料在结构、物理和化学性质方面具有特殊的性能，仍然可以进一步探索纳米材料与钻探工程的可结合性。例如，纳米技术与钻头材料相结合，将硬质合金与纳米材料相复合，有望解决传统硬质合金硬度与强度之间的矛盾，实现"双高"。再如，纳米级胎体-金刚石复合材料，采用纳米材料作为胎体的金刚石钻头，将实现高耐磨性与高韧性的统一，可望在软硬夹层地层中获得好的钻进效果。此外，复合材料优异的机械性能必将获得较长的使用寿命，对于深孔钻进时减少频繁提钻的辅助时间、提高钻进效率、降低钻进成本是非常有利的。

(3) 钻进技术与智能化相结合。

智能技术作为当今科技革命和产业革新的核心驱动力，成为引领世界科技发展潮流的关键性战略技术，将智能技术应用于地质勘探领域成为趋势。

智能导向钻井系统配置功能较强的井下可调工具，可以根据随钻测量的孔下地质信息和井眼轨迹参数，利用人工智能算法对钻进方向和井眼轨道进行智能优化，自动调整钻头喷嘴方向、泥浆流速和流量，控制钻头的钻进方向，及时调整钻孔轨道与目标点的位置关系，确保钻头围绕目标层钻进。在钻进过程中，还能实时快速地将钻孔附近和钻头周围的各种地层信息、钻进参数，以及钻头工况通过双向数据传输通信网络系统传输至地面。

研发智能装备如智能钻机可以实现钻台无人化，通过钻台控制中心对井下工况进行实时监控，调整钻机各项工作参数，自动完成多种作业过程；智能钻头安装智能芯片与传感器，在钻进过程中，自动感知地层压力、地层温度、钻头角度和深度，实时识别钻遇地层特性，调节钻头工作性能和切削参数，使钻头处于最佳工作状态；智能钻杆是在普通钻杆本体上进行改造升级，嵌入包裹绝缘材料的多芯铜导线,具有高速传输信息功能。这种闭环信息传输方式不受钻井环境影响,具有信号传输稳定和延时短的特点。

最关键的是远程智能钻进决策控制系统包括数据采集传输、信息处理、工程设计、实时监控、施工作业与决策分析功能,具有实时、稳定、可靠、自学习优点。该系统利用数据仓库、大数据分析、分布式计算和协同决策等技术对钻进过程进行仿真模拟;利用人工智能技术进行钻井参数优化、井身结构设计、故障智能诊断、风险识别与预测;基于智能决策系统,做出实时分析决策,跨地域实现钻进作业的远程实时控制。

(4)综合测井。

综合测井依然是从现有的人机交互方式处理数据得到结果逐渐过渡到智能判别。对于智能计算机自动判别,通过算法(如神经网络的 BP 算法)实现,由大量处理单元广泛互联而成的网络,能够模拟生物神经系统对真实世界作出的交互反应,基于人工神经网络建立计算模型,用于解决科学和工程中的问题。将表征地质现象的特征曲线作为网络输入,然后进行层界面、节理面、叶理面、断层、气孔、砾石、团块、结核等地质结构的智能识别。

(5)随钻反演。

通过观察地质钻探取出的岩心可以直接了解地下岩层的岩性、物性和储层特征。想要了解地层就需要快速且准确地获取岩体力学参数和评价岩体质量分级。传统的岩体原位测试方法和室内试验都存在一定的缺陷,导致不能完全准确了解岩体力学特征和岩体质量分级。而在钻进过程中产生的参数(钻压、转速等)及响应(声音、振动等)则真实地反映了岩体固有属性。

可以从力学平衡和能量守恒角度对岩石旋转破碎机理和力学参数关系进行研究,从理论角度探索岩石力学参数与钻进参数、响应参数之间的关系,建立了基于机器学习算法(如 BP 神经网络、广义回归线性神经网络和卷积神经网络等)的岩石级别识别模型、岩体力学参数预测模型和岩体结构面识别模型,以钻进参数和响应参数作为训练样本库和测试样本库的输入数据,室内单轴压缩试验(抗压强度和弹性模量)和直剪试验(黏聚力和内摩擦角)的结果作为训练样本库和测试样本库的输出数据,进行对比预测。

在进行随钻反演研究时,不仅需要严谨地推导理论基础、合理地优化算法,还需要大量实验数据与实际工程中的随钻数据作为支撑,得到高准确率的反演模型及对模型进行机理解释,这样随钻反演才能在预测岩体物理力学参数或者其他地层参数具有一定的有效性和可靠性。

参 考 文 献

白家祉, 苏义脑. 1990. 井斜控制理论与实践. 北京: 石油工业出版社.

李静, 张金昌, 陈晓琳. 2011. 地质勘探钻孔轨迹计算新模型. 探矿工程(岩土钻掘工程), 38(1): 22-24.

李子丰, 孙玉学, 刘希圣. 1995. 井眼轨迹预测的数学模型. 大庆石油学院学报, (2): 6-9.

秦向辉, 陈群策, 赵星光, 等. 2020. 水压致裂地应力测量中系统柔度影响试验研究. 岩石力学与工程学报, 39(6): 1189-1202.

孙东生, 陈群策, 张延庆. 2020. ASR 法在井下矿山地应力测试中的应用前景分析. 地质力学学报, 26(1): 33-38.

孙东生, 吕海涛, 王连捷, 等. 2018. ASR 和 DITF 法综合确定塔里木盆地 7km 深部地应力状态. 岩石力学与工程学报, 37(2): 383-391.

孙炜锋, 郭长宝, 张广泽, 等. 2021. 川西郭达山隧道水平孔地应力测量与工程意义. 现代地质, 35(1): 126-136.

王连捷, 孙东生, 林为人, 等. 2012. 地应力测量的非弹性应变恢复法及应用实例. 地球物理学报, 55(5): 1674-1681.

Karlsson H, Brassfield T, Krueger V. 1985. Performance drilling optimization[R]. SPE 13474.

Matsuki K, Takeuchi K. 1993. Three-dimensional in-situ stress determination by anelastic strain recovery of a rock core. International Journal of Rock Mechanics and Mining Sciences & Geomechanics Abstracts, 30(7): 1019-1022.

Teufel L W. 1983. Determination of in-situ stress from anelastic strain recovery measurements of oriented core. SPE /DOE Low Permeability Gas Reservoirs Symposium, 11649: 421-430.

Voight B. 1968. Determination of the virgin state of stress in the vicinity of a borehole from measurements of a partial inelastic strain tensor in drill cores. Felsmechanik Und Ingenieurgeologie, 6: 201-215.